季刊 考古学 第23号

特集 縄文と弥生を比較する

●口絵(カラー) 弥生文化の成立
　　　　　　　縄文と弥生の墓
　　　　　　　弥生の中の縄文文化
　　　　　　　夫婦岩岩陰遺跡
　(モノクロ)　縄文と弥生の食料貯蔵
　　　　　　　縄文と弥生の集落
　　　　　　　弥生の環濠と武器——愛知県朝日遺跡
　　　　　　　縄文と弥生の信仰

縄文文化と弥生文化 ─────── 乙益重隆 (14)

縄文と弥生の境
　九州における縄文と弥生の境 ─── 橋口達也 (17)
　東北地方における縄文と弥生の境 ── 須藤　隆 (23)
　弥生文化に残る縄文的要素 ───── 橋本澄夫 (30)

縄文と弥生
　自然環境 ──────────── 辻誠一郎 (35)
　生業Ⅰ(狩猟・採集) ──────── 桐原　健 (39)
　生業Ⅱ(漁　撈) ───────── 馬目順一 (43)

土器	石川日出志	(48)
石器	山口譲治	(53)
木製品	黒崎　直	(57)
武器	東　　潮	(61)
住居と集落	宮本長二郎	(65)
信仰関係遺物	井上洋一	(69)
墓制	田代克己	(73)
人骨	内藤芳篤	(77)
埼玉県夫婦岩岩陰出土の弥生前期の人骨	橋口尚武・石川久明	(81)

最近の発掘から
弥生中期の再葬墓群　埼玉県横間栗遺跡 ────── 金子正之 (83)

連載講座　日本旧石器時代史
8．後期旧石器時代のくらし (1) ────── 岡村道雄 (87)

講座　考古学と周辺科学 12
地形学 ────── 上本進二 (93)

書評 ────── (99)
論文展望 ────── (101)
文献解題 ────── (103)
学界動向 ────── (106)

表紙デザイン・目次構成・カット
／サンクリエイト

弥生時代早期の土器（福岡県曲り田遺跡）

弥生文化の成立

従来縄文晩期後半とされた段階で、土器の組合わせに新しい変化が現われ、稲作をはじめ、大陸系磨製石器群・鉄器・支石墓などが出現し、紡錘車は小型化・定形化する。これらは弥生文化を構成する要素が確立しており、この段階を弥生文化と認識すべきと考える。ここに弥生早期の曲り田遺跡の土器、同期の墓地である新町遺跡の支石墓と甕棺墓を示す。

　構　成／橋口達也
　写真提供／
　　福岡県教育委員会・志摩町教育委員会

福岡県新町遺跡全景

甕棺墓（福岡県新町遺跡）

支石墓（福岡県新町遺跡）

▲大阪府日下貝塚の環状列墓（縄文晩期）　東大阪市教育委員会提供

縄文と弥生の墓

構 成／田代克己

日下貝塚　直径6.2ｍの円周上に土壙墓7基が並び，南側にある若年者の土壙墓から西側には3体の成人女性，東側には3体の成人男性が埋葬され，円周上で相対する土壙墓は頭位を同一方向にそろえている。

吉武高木遺跡　遺跡は33×37ｍの範囲に密集して営まれた墓地群である。墓域内の約半分が調査され，カメ棺墓34基，木棺墓4基が検出された。これらの墓は同一方向に整然と並んでいる。

▼福岡県吉武高木遺跡の墳墓群（弥生中期）　福岡市教育委員会提供

弥生の中の縄文文化

狩猟・採集社会から農耕社会への転換は，人びとの暮らしを大きく変えたが，竪穴住居や土製・打製石器の製作技術などに，縄文時代の伝統を受け継ぐものがみられる。とくに塗漆櫛，ヘアピン，勾玉，貝輪などの装身具類に縄文的な要素が残され，抜歯の風習も一部で継承される。ただし，次第に弥生独自のものに変化し，前代の影響は薄れていく。

構　成／橋本澄夫

木製櫛（大阪府安満遺跡）
高槻市教育委員会提供

木製櫛
（大阪府東奈良遺跡）
茨木市教育委員会蔵

ヘアピン
（大阪府安満遺跡）
高槻市教育委員会提供

勾玉（佐賀県宇木汲田遺跡）
京都大学人文科学研究所蔵

ゴホウラ製貝輪（佐賀県三津永田遺跡）
佐賀県立博物館提供

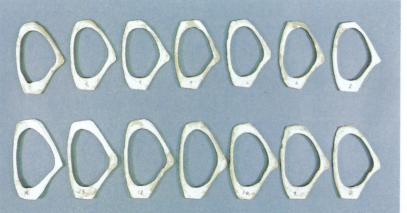

人骨に装着されていた貝輪
（福岡県立岩遺跡）
飯塚市歴史資料館提供

夫婦岩岩陰遺跡

埼玉県入間郡越生町の夫婦岩岩陰遺跡の発掘調査は，巨岩の転落という偶然が生み出した天然の岩陰から，縄文時代早期以来およそ7千年にわたる人間活動の痕跡が発見された。とりわけ検出された弥生時代前期の土器群，同時期のものと推定される人骨は，関東地方の初期弥生文化研究上注目すべき重要な資料となろう。

構　成／橋口尚武・石川久明
写真提供／越生町教育委員会

夫婦岩岩陰遺跡近景

出土した動物遺存体

屈葬人骨検出状況

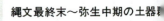

縄文最終末～弥生中期の土器

▲縄文後期の貯蔵穴群
（青森県丹後谷地遺跡）
八戸市教育委員会提供

縄文と弥生の食料貯蔵

縄文時代の袋状竪穴は東北地方の前期末に出現した食料貯蔵庫といわれ，西日本では弥生末まで継続した。一方弥生時代の袋状竪穴の研究は中国大陸や朝鮮半島の新石器時代に求められ，主として穀類を貯えたが，湿度の高い日本の風土に向かなかったとみえ，後期になると高倉に転じていった。

構　成／乙益重隆

◀弥生前期末の貯蔵穴群
（福岡県津古内畑遺跡）
福岡県教育委員会提供

▲アメリカ式石鏃（新潟県六地山遺跡）
東北・北陸地方の弥生時代に出現した特殊な石鏃　　新潟市教育委員会提供

縄文と弥生の集落

宇都宮市聖山公園遺跡 縄文時代前期黒浜式期の集落。竪穴住居27棟，壁立式大型建物14棟，同小型建物7棟，掘立柱建物17棟が5期にわたって台地縁辺に展開する。壁立式建物は主柱以外に間隔を密に配置する側柱をもつ平地式の建物で，掘立柱建物は，梁間1間の高床式と思われるものと，梁間2間亀甲形平面の平屋建の2種ある。これらの建築形式はすべて弥生時代以降に存在するが，縄文時代には一般的でない点できわめて特徴的である。

秋田市地蔵田B遺跡 縄文時代終末期の土器を含む弥生時代初期の集落。台地下に水田があったと予想され，台地上には同位置で3回から7回の建替えのある5棟の住居を中庭を中心に配置し，一部に建替えの認められる柵木が集落を囲う。柵囲いの存続期間は短く，柵外に高床倉庫1棟が共存する。焼石集石や屋外炉などの縄文時代の生活を継ぎつつも，柵囲いや高床倉庫を採り入れた新しい時代の到来を窺わせる。

構　成／宮本長二郎

縄文時代前期の集落（栃木県聖山公園遺跡）
宇都宮市教育委員会提供

弥生時代初期の集落（秋田県地蔵田B遺跡）
秋田市教育委員会提供

弥生の環濠と武器——愛知県朝日遺跡

弥生時代における集団間の戦いの実態、とくに土地をめぐる利害の対立を物語るのが環濠集落である。その防禦施設の築造の背景に弥生人の戦いの跡をかいまみることができよう。弓矢は鉄砲の出現まで人類の生みだした最強の武器の一つであった。そして縄文時代以来の石鏃は、弥生時代の中半には銅鏃・鉄鏃に材質的変化をとげる。

構成／東　潮

朝日遺跡南微高地北縁の弥生後期環濠（欠山期に埋没）　愛知県埋蔵文化財センター提供

石鏃　愛知県教育委員会提供

丸木弓
愛知県教育委員会提供

縄文と弥生の信仰

狩猟・漁撈・採集という「自然の恵み」から生活の糧を得ていた縄文人。稲作というより豊かで安定した生活を営むための知恵を獲得した弥生人。それぞれの生産基盤はちがっても，自然の加護を乞う気持は同じであった。信仰関係遺物には，それぞれの生産基盤にねざした人々のさまざまな祈りが込められている。

構　成／井上洋一

土偶（縄文晩期）
（宮城県恵比須田遺跡）
東京国立博物館保管

木偶（弥生中期）
（滋賀県大中の湖南遺跡）
滋賀県教育委員会提供

男根形木製品（弥生中期）（大阪府池上遺跡）
大阪文化財センター提供

石棒（縄文後期）（山梨県金生遺跡）
山梨県教育委員会提供

武器形木製品（弥生中期）
（山口県宮ヶ久保遺跡）
山口県埋蔵文化財センター提供

鳥形木製品（弥生中期）（大阪府池上遺跡）　大阪文化財センター提供

季刊 考古学

特集

縄文と弥生を比較する

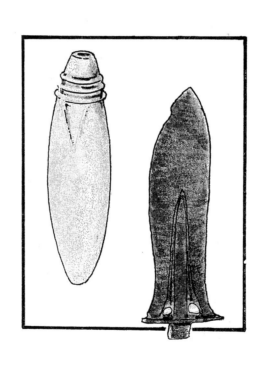

特集● 縄文と弥生を比較する

縄文文化と弥生文化

國學院大學教授 乙益重隆
（おとます・しげたか）

縄文と弥生は時間的に継続する時代であるが近い面と全く異なる面が存在し，ことに生業は相違が大きく道具や利器に反映する

1 縄文と弥生の境界

　弥生文化は縄文文化の時間的な継続であるにもかかわらず，これら両文化の内容にはきわめて近い共通点と，根本的な相違点があった。もちろん縄文文化が終始石器時代の段階にあったのに対して，弥生文化は新しく中国大陸や朝鮮半島から伝わった青銅器や鉄器を併用し，やがて完全な鉄器文化へ移行した。また，食料獲得の方法にしても縄文人たちは自然物を採取し，これを貯蔵加工する段階にあったのに対して，弥生人たちは稲作を中心とする積極的な生産社会の段階にあった。こうした両文化の著しい相違は，まるで異民族文化であるかのように離れてしまった。そこでこれら両文化を比較するにあたっては，日本在来の縄文文化に対して「弥生文化とは何か」という概念規定から明らかにしなければならない。

　従来いわれてきた弥生文化の基本的な条件は，第1に弥生土器が用いられたこと，第2に稲作を中心とする農業が行なわれたこと，第3に金属器としての青銅器や鉄器の存在，第4に編み布に対して織布の出現，などがあげられてきた。しかるに最近のように遺跡の研究開発と，遺物の分析的研究が進むにともなって，第1の条件ともいうべき縄文土器と，弥生土器の境界があいまいになってきたことである。

　こうした問題が具体化するようになった切っ掛けは，1980年佐賀県唐津市菜畑遺跡において，縄文晩期に比定される突帯文土器（山ノ寺式）を伴う稲作農業の遺構や農具その他が発掘されたこと

による。そのため一部の研究者の中には，突帯文土器のうち山ノ寺式が出現する段階から，弥生文化となす説があらわれた。しかるに同じ九州でも北部の玄海灘に面した地方では，縄文晩期の山ノ寺式の段階から稲作農業が行なわれていても，肝心な隣県の長崎県深江町山ノ寺遺跡では，稲作の痕跡は認められず，石器も墓制も縄文在来文化以外の何ものでもなかった。また，熊本県大津町水の山遺跡では，これよりも一時期下降する夜臼式土器の段階にあっても，土器組成や墓制は縄文在来文化以外の何ものでもなかった。このように同じ九州本土内でも稲作の存在を条件に考えると，著しい先進地帯と後進地帯が，隔差をもって同居していたことは否定できない。

　このような混線した現象は東日本や東北日本ではいよいよ顕著で，稲作の存在と土器にあらわれた変化現象は必ずしも一致しないことがある。とくに東北や北陸地方における再葬墓に埋納された土器には，縄文晩期の在来土器とともに，弥生系の土器や籾痕ある土器が併存し，これらを峻別することがむずかしい。おそらくそれは縄文から弥生への移行過程が長かった地方と，短かった地方との，ちがいとみなすことができる。

　一体，歴史上際限なく過ぎて行く時間の流れを塞き止めて，何何時代とよぶこと自体矛盾したことであるが，それはあくまでも研究上の便宜的な手段にすぎない。したがって縄文時代〜弥生時代の流れの中で，何をもってその境目となすかについては，簡単に決めがたい。これを生産形態の変革期に目途をおくか，また土器にあらわれた変異

14

現象をもって標識とするかについては，研究者お互いの認識にもとづく約束ごとにすぎない。

そこで両文化の境目を強いて求めるとすれば，従来いわれてきた通り九州における板付Ⅰ式をもって弥生文化の発足点とみなしても，矛盾するものではなかろう。その理由は第1に，この種の土器こそ全国的なひろがりをもって分布する，弥生土器の基本形式ともいうべき，遠賀川式土器の祖型とみられるからである。そしてそれ以前とみられる突帯文土器（山ノ寺式～夜臼式）の段階までは，同じ九州内でも稲作を受け容れた地方もあれば，縄文在来のままの地方もあり，必ずしも一率な弥生文化になりきれた段階ではなかった。

2 縄文と弥生の比較

放射性炭素の測定値によると，縄文文化の時代は1万年以上もつづいたというのに，弥生文化の時代はせいぜい5世紀ぐらいの短かい期間であった。したがってこれら両文化の経過した時代の自然環境を直接比較しても，あまりにも隔差がありすぎて問題にならない。しかし縄文晩期の頃になると全国的に気候の温和化が進み降水量がふえ，スギが増加し，稲作を受け容れるのに好適な土壌と土地の空間がもたらされたという。それとともに照葉樹林が発達したといわれ，長崎県島原半島では雲仙火山の裾野，標高200m前後の斜面に，ほとんど同時期の晩期遺跡が分布する。同様な現象は阿蘇火山の外輪山周辺にもみられる。おそらく縄文晩期になると西日本の各地では，いつでも稲作農耕を受容できるだけの，気候と環境条件が整っていたことがうかがわれる。

一般に弥生文化は「農耕文化」そのものという固定した概念が通用しがちであるが，実質的にはまだ前時代的要素がたぶんに残り，必ずしも一率ではなかった。まず初期弥生文化の段階には，たとえ集落が海浜近い沖積平野に形成されたとはいえ，佐賀県宇木汲田や熊本県斎藤山，鹿児島県高橋，広島県中山，愛知県西志賀などのように，有力な貝塚が相応に発達した。そして大陸系の弥生時代に特有な石器や金属器を有しながらも，石鏃や石匙，骨角製品などを伴い，そこには農業生産をいとなみながらも半漁撈，半狩猟的要素が濃厚に残っていた。このような状態は地域によっては中期になっても継続し，福岡県城ノ越や長崎県カラカミ，愛媛県阿方・片山，愛知県欠山など，

小規模ながらも点在貝塚が形成され，漁具や狩猟具も相応に出土している。

しかし後期になるとたとえ海浜近くに立地する遺跡であっても，貝塚は稀有なくらい少なくなる。そして遺物の中には打製石錘や土錘などが出土し，これらの漁撈具部品はほとんど形を変えることなく現代まで残った。しかし駿河湾のような深海にのぞむ海浜集落では，有頭大型石錘や有溝球形の大型石錘が顕著にみられ，集団漁撈の発達が指摘されている。

また弥生時代後期になると中部地方山地や九州山地などでは磨製石鏃が顕著に出土し，とくに中部山地ではこれに伴って小型石庖丁がみられる。おそらく畑作とともに狩猟が兼業され，九州山地では多くのばあい縄文中～後期遺跡と重複している。平野部に近い所でも縄文時代の生活の伝統は継続し，福岡市野溜内渡遺跡では，弥生中期末から後期初頭にわたる袋状竪穴が40余基出土し，いずれも内部にイチイガシの実を貯えていたという。このような現象は弥生後期末になっても継続し，福岡県辻田の谷地区では，谷頭から谷の中央にかけて11基の袋状竪穴が検出され，うち第10号竪穴には5斗1升1合のイチイガシの実が残っていた。

土器に文様をあらわすのは単なる個人的な好みや，装飾ではなかった。縄文・弥生を問わず，ある時期の土器は必ず一定の共通した器形と文様によって形成され，全く遊離した独創的な土器をみかけない。そこには日常生活につながる切実な祈りがあった。その祈りをたとえ抽象化したとはいえ，図形にあらわしたのが土器の文様であった。一体，東北および東日本の縄文土器には，早期の頃から絢爛豪華な文様が発達し，その伝統は弥生時代になっても踏襲された。おそらくそれだけ生活もきびしく，祈りもまた緊迫したものがあったにちがいない。その点九州をはじめ西日本の縄文土器は，一般に文様が単調で，晩期になるとほとんど消滅に近い。それでも弥生土器に移行すると，壺形土器の胴部などに単調な箆描き文様などをあらわすが，それさえも九州では前期末で消滅する。その点東日本の弥生土器はいよいよ終末をむかえるまで文様が継続する。おそらくそこには前時代文化の滲透力の差がうかがわれよう。

縄文文化と弥生文化を対比する時，最も大きなちがいは生業生活の面であった。これを最も端的

にあらわしているのは石器であろう。まず縄文時代に用いられた打製石斧や石鑽，石匙，石錐，石鏃，環状石器などはそのまま弥生時代になっても引きつがれたが，呪術的な意味を有する独鈷石や御物石器，石冠，縄文石刀，縄文石剣，青竜刀石器，石棒のごときは残らなかった。これに対して弥生の石器は太形蛤刃状石器，扁平片刃石器，柱状抉入石器，石庖丁，朝鮮系磨製石剣など中国大陸および朝鮮半島系の石器が主体をなし，稲作農業とセットをなしてほとんど全国に広まった。中でも北陸および東北地方では，縄文時代の製作技法を踏襲したアメリカ式石鏃とよばれる特異な石鏃が用いられたが，その発生事情については明らかでない。

縄文文化と弥生文化は生業生活に大きな相違があるように，道具や利器にもそれが反映している。中でも縄文時代の木器および木製品は一般に変化に乏しく，遺跡が高所に多いため出土例も少ない。木器には混棒や石斧の柄，弓などが多く，他に舟の櫂や槌などがめだっている。これらはほとんど弥生時代に引きつがれたが，信仰的な呪術的意味を有する木器や木製品は残らなかった。それは生業生活の相違が，そのまま信仰生活の相違に通じるものであったことを意味するであろう。その点弥生時代の木器・木製品は農用生産器具が大勢を占めていた。その他にも木製の人形や刀，剣，戈，動物（鳥，イノシシ，その他），男性性器，琴など呪術的な意味を有する遺物が，各地の低湿地遺跡から出土しているが，それさえも生産生活を反映した農耕祭礼に供したものであった。

次に武器について比較すると，縄文のばあいは石斧一つを取り上げても，あるいは工具として，あるいは狩獲具として，武器として多目的に使用され，戦闘専用の武器はなかった。その点弥生時代の狩獲具は原則として前時代のものを踏襲したが，北陸および東北地方では異色あるアメリカ式石鏃が出現し，西日本や中部山地では金属器の影響をうけた磨製石鏃が発達した。それとともに新しく伝来した金属製の剣，矛，戈，刀，鏃などが普及し武器として専用化していった。

また縄文と弥生とでは日常生活の点で根本的な差があった。故にその差異点は信仰にも反映し，例えば同じ岩偶でも縄文のばあいはつくりが精巧で土偶に近い用法が考えられ，弥生岩偶は軽石などで粗雑につくり，出土状態を異にし使用目的が

まるでちがったようである。また珍しい例だが岩手県貝鳥貝塚（縄文）では骨製の蛙が出土している。それはペンダントとして身につけ，特別な祈りがこめられたのであろう。しかし同じ蛙の彫刻でも山口県宮ケ久保の弥生遺跡で出土した木製品は，雨乞の祭に供したのかもしれない。また縄文時代の石棒は性信仰の所産とみられているが，弥生の男根形木製品は農耕祭祀の一種として，虫追いの祭に供したのかもしれない。このように同じ形の遺物でも，そこにひそむ信仰はまるで異質なものであった。

次に縄文，弥生両文化にあらわれた住居の相異を遺構面からみると，そこには竪穴住居という点では基本的に何ら変わるところがない。ただ，床の平面観や面積，柱穴配置や床構造などについては，時代や地域によってそれぞれ変化があり，必ずしも一様ではない。しかし古墳時代以後につづく，高床式住居の出現については明らかでない。

縄文時代の墳墓は一般に単純であるが，後期になると急速に配石墓や再葬墓，立石墓，石棺墓などが出現する。しかしそれらの発生事情は明らかでない。その点弥生時代の墓制は繁雑をきわめ，集計すると 20 種類近い。それらを大別すると第1は縄文在来文化の墓制を踏襲するもの。第2は中国大陸や朝鮮半島にその源流を求められるもの。第3は弥生文化独自におこったもの，があげられる。とくに第3の中には系流，来歴不明なものが多く，とくに地域性が顕著である。これらは直接間接に関連があり，やがて古墳文化の基盤となった。

縄文人と弥生人はともに異人種ではなく，現代につながる日本人の祖先といわれる。中でも縄文人は従来形質上の変化が少なく，地域性が少ないかのようにみられてきたが，今では研究が進み，多くの地域差や時代差が指摘されている。また弥生時代になると北部九州およびその隣接する山口県土井ケ浜人には，縄文人といちじるしい差があるところから古代朝鮮人や中国人の渡来混血が説かれ，多くの共鳴がえられてきた。しかしこれについては農耕社会に入り，生活環境の変化がもたらしたとなす批判もあり，今後の研究が注目されている。それとともにこんにちの研究は，人骨の地域的研究に重点がおかれ，日本人の起源解明について多くの曙光がみとめられるという。

特集●縄文と弥生を比較する

縄文と弥生の境

縄文と弥生の境界はどこに求められるだろうか。最近の成果から遺構，土器，石器，稲作などの要素について検討を進めてみよう

九州における縄文と弥生の境／東北地方における縄文と弥生の境／弥生文化に残る縄文的要素

九州における縄文と弥生の境 ── 橋口達也
福岡県教育委員会
（はしぐち・たつや）

弥生文化の成立は縄文後晩期以後に徐々に先進的文化の流入があり，それを在来的要素と融合させながら漸次発展していったというのが実態に近い

1 はじめに

弥生文化とは米・紡錘車・織布・定形化された土器・大陸系磨製石器を含む農耕具・金属器・支石墓などにもとめられ，これらの要素が積み重ねられていき，緊密に組合わされて完全な形を備えた時が弥生文化の成立であるとされ[1]，板付Ⅰ式土器をもって弥生時代の始まりとされてきた。

1978年，福岡市板付遺跡における板付Ⅰ式と夜臼式単純層の水田遺構の確認という成果[2]にひきつづき，1979年～1981年にかけて調査された佐賀県唐津市菜畑遺跡[3]・福岡県二丈町石崎曲り田遺跡[4]においてはこれまで縄文晩期後半～終末とされていた土器の段階で，水稲耕作をはじめ弥生文化の構成要素とされる多量の良好な資料に恵まれた。これらの成果は必然的に従来縄文晩期とされていたこの段階が縄文文化であるのか弥生文化であるのかの詳細な検討をせまられることとなった。

大別すると従来通り板付Ⅰ式土器からを弥生土器として，それ以前のものは縄文晩期土器としてすなわち「縄文晩期の稲作農耕」と考える立場と，佐原眞氏のように弥生時代は日本で食料生産を基礎とする生活が開始された時代と定義し，弥生時代の土器を弥生土器とし，板付下層・菜畑・曲り田遺跡出土の土器などを弥生時代早期あるいは先Ⅰ期として認識する[5]立場の両者がある。

筆者はいずれかというと後者の立場にたつものであるが，いままで縄文晩期後半～終末と位置づけられてきた土器を曲り田遺跡出土の土器を中心としながら，曲り田（古）式・曲り田（新）式・夜臼式に分類した。曲り田（古）式においては稲作だけでなく，甕に加えて壺・高坏が新たに出現して弥生土器としての組合わせが確立し，大陸系磨製石器が成立し，それ以前の段階と石器組成が変わること，また晩期にみられる大型紡錘車がこの時期に小型化・定型化し，晩期の組織痕文土器にみられる布目とこの時期以後の布目とに差が認められることから紡織技術に発展があったこと，支石墓が導入されまた鉄器の出現等々弥生文化を構成する諸要素は整っており，この段階で弥生文化が成立したものと考えている。したがって前述した曲り田（古）・曲り田（新）・夜臼式の段階は弥生時代早期として認識した[6]。以上の観点から弥生文化を規定する主要な要素をとりあげ，若干の私見を述べることとしよう。

2 縄文と弥生の境

(1) はじめに

弥生時代早期の設定は必然的に縄文晩期の再編成を伴わざるを得ない。筆者はこれまで後期あるいは晩期いずれに位置づけるかで意見の分れていた御領式土器を，その縄文の消失から新たな時期の開始として把え，晩期として位置づけた。この頃から出現する大型の紡錘車，扁平打製石斧の多量の出現など，晩期を特徴づける現象が御領式の段階で顕著になることからもこのことは裏づけられよう。ここでは詳細は割愛するが，御領式から曲り田（古）式の直前に位置づけられる土器を晩期土器としてI～Ⅵ式に分類した[6]。これら晩期とした土器に伴う遺構・遺物のなかには先述した紡錘車のごとく弥生文化の構成要素とされるいくらかがすでに出現している。これらと弥生早期の遺構・遺物とを対比させながら縄文と弥生の境に迫ってみたい。

(2) 縄文と弥生の境

稲作 水稲耕作こそが弥生文化を規定する最も重要な構成要素であることはいうまでもない。稲作はかつては夜臼式以前に遡るか否かで長い討論を経てきたが，現在では夜臼式はもちろん，菜畑・曲り田などの遺跡で炭化米および土器底部などに付着する籾痕などはすでに一般的なものとなっており，今日ではこの段階で稲作が行なわれたことは確実なものとなっている。板付遺跡の夜臼期の水田跡にみられるように，これらの稲は水稲であったこともまた当然と言えよう。現在では従来縄文晩期後半と認識されていたいわゆる刻目あるいは刻目突帯を特徴とする土器の段階で，北部九州のみでなく瀬戸内・畿内などにおいても水田の発見・発掘および籾痕付着土器などの出土が確認されつつあり，弥生早期という認識を西日本一帯に及ぼしてもいい状況となりつつあるといえよう。

ところで菜畑・曲り田あるいは福岡市有田七田前遺跡[7]，唐津市宇木汲田遺跡[8]など弥生早期の遺物を出土する遺跡では，橋口の分類による晩期Ⅵ式の土器が少量ではあるが確認されており，この段階から稲作が開始された可能性をも秘めている。熊本県ワクド石[9]，北九州市長行遺跡[10]などでは晩期Ⅵ式の土器で米の圧痕，籾痕のあるものが存在し，その可能性を高くする。しかしながら弥生早期の直前である晩期Ⅵ式頃までは遡れても現段階では縄文晩期において一般的に稲作が行なわれていたとはいい難い。

炭化米および土器に付された籾圧痕の計測値からみると，日本においては稲作開始の当初から日本型の米が栽培され，水田・農耕具ともに体系化された形態をもっている。このことからすると米の伝播経路は日本型・インド型両者の存在する華中から朝鮮半島および北部九州へ直接伝播したとする可能性は少なく，華中から華北にもたらされ，一定の訓育を受けて品種改良をされた日本型の米が，山東半島から西朝鮮に伝えられ，さらに日本に流入したという岡崎敬氏の見解[11]が最も妥当であろう。

土器 従来どおり板付I式土器からを弥生土器とし，それ以前の土器を縄文土器とする立場は依然として根強い。また佐原眞氏は基本的な窯業技術のうえで弥生土器は先行する縄文土器とも，後続する土師器とも違わない一系の軟質赤焼土器だとして，土器自体でその区別を峻別することは困難であるとし，弥生土器は日本における最初の食料生産段階に属する初期稲作文化すなわち弥生文化の土器であると定義している[12]。確かに佐原氏の言うように土器そのもので峻別するのに困難な，つまり連続する要素と土器そのもので識別し得る新たに出現する要素も当然存在している。したがって土器の分類・編年は考古学の基礎的作業であり，それと文化論は常に連動した問題であることはいうまでもない。すなわちいずれの土器様式の段階から弥生文化と認定し得るのか，弥生文化と認定した段階では土器そのものにもそれに対応する変化が認められるのかという観点が必要であろう。

さて縄文後期後半以後の縄文の消失傾向が進行し，ほぼ完全に縄文の消失する御領式から新たな時期の開始すなわち晩期の開始と把えて問題はなかろう。晩期においては黒色研磨された深鉢・浅鉢・埦などの精製土器，筆者が甕とした粗製土器[13]が基本的な器種構成といえる。黒色磨研の精製土器としたもので黒色を呈する土器は比較的古い時期に多く，次第に茶褐色・黄褐色を呈するものが多くなってくる。玄界灘に面する福岡県糸島郡二丈町広田遺跡[14]と，筑後の同県山門郡瀬高町権現塚北遺跡[15]出土の土器を対比すると，この傾向は広田遺跡が早く進行している。また広田遺跡

18

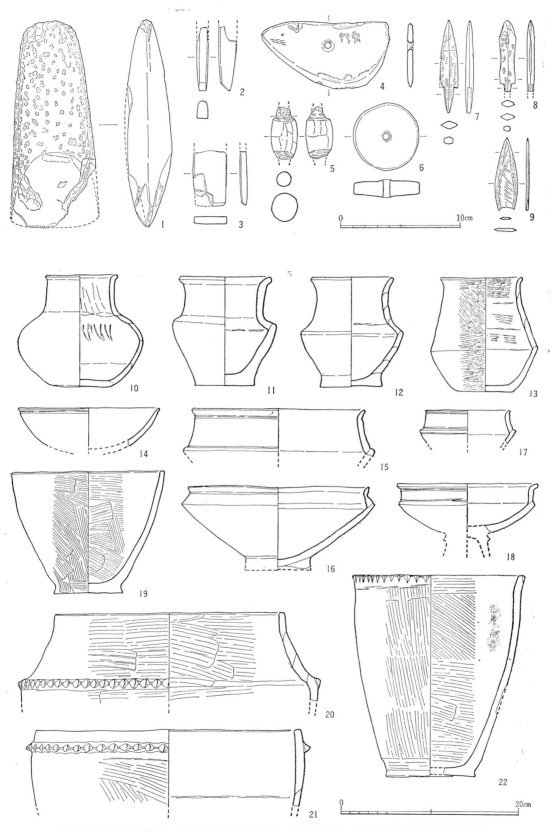

弥生早期〔曲り田（古）式・曲り田（新）式〕の石器・土器（10・12・13 は新町遺跡，他は曲り田遺跡）

では晩期Ⅲ式にまでみられた深鉢口縁の文様帯が晩期Ⅳ式では消失するのに対し，権現塚北遺跡では晩期Ⅳ式にまでみられ，中・南九州とも共通した要素がみられる。このような現象を弥生化への進行とみるならば玄界灘沿岸部が朝鮮との交流などによる先進文化の受容が早く，弥生化への進行も早かったものといえる。

さて弥生早期とした曲り田（古）式の段階では晩期から継続した精製の浅鉢・坩・粗製の甕は認められるが，晩期Ⅴ式からは精製深鉢はほとんどみられなくなる。この精製深鉢の系譜は曲り田（古）式以後，板付Ⅰ式頃まできわめて少量ではあるが丹塗り磨研・黒色磨研された精製土器として残る。かつて夜臼式土器ｂと仮称された土器[16]がこれにあたる。曲り田（古）式から新たに出現する器種として壺と高坏がある。甕とあわせて農業生活に伴う食料の貯蔵・煮沸・供献のいわゆる農民の土器としての器種構成が整ったといえる。高坏は当初は浅鉢と同様黒色磨研のものが多いが，次第に時代が下るとともに丹塗り磨研となる。壺は黒色磨研もあるが当初から丹塗り磨研のものが多くみられる。丹塗り磨研土器が多く出現するという点でも晩期の段階とは大きく異なる要素といえよう。したがって以上の点からいっても晩期Ⅵ式と曲り田（古）式における変化が夜臼式と板付Ⅰ式における変化よりも大きいことはいうまでもない。

金属器　これまで弥生前期初頭の鉄器として熊本県斎藤山遺跡出土の鉄斧が著名であった。この鉄器は袋部をもつ鉄斧の刃部であり鍛造品とされている[17]。福岡県二丈町石崎曲り田遺跡ではそれにさきだつ弥生早期の住居跡より板状鉄斧の頭の部分であろうと考えられる鉄器が出土し，弥生文化の成立とともに鉄器が使用されていたことが証明された[18]。この鉄器は鉄鉱石原料の鍛造品であるという分析結果が出されている[19]。

晩期以前に鉄器もしくは青銅器などの金属器が存在したか否かという問題になると，その可能性は否定はできないが，本来水稲耕作に伴う農耕具製作などの工具としてもたらされたものと考えるのが妥当であろう。したがって晩期以前に遡る金属器は今後とも出土する可能性は少ないといえる。

石器　縄文晩期初頭の御領式以後になると扁平打製石斧と呼ばれる石鍬・石鋤あるいは扁平打製の形態的には弥生の石庖丁・石鎌とも類似して収穫用石器ではないかと思われるものが急増し，晩期を通じてみられる。以前は晩期の遺跡は九州では阿蘇・雲仙山麓などの火山灰台地などで多く発見・調査されてきたが，今日では弥生と共通する低地でも発見され，また発掘調査も行なわれてきた。この低地における晩期遺跡でも扁平打製石器は多く出土し，これが原始的萌芽的な農耕と関連する遺物であることは疑い得ない。したがって農耕という点では質的には異なっても，縄文晩期は弥生文化へと連続する要素を持つということはいうまでもない。石器の点で大きく異なるところは菜畑にしろ曲り田にしろ弥生文化を特徴づけるとされるいわゆる大陸系磨製石器群が整っているという点である。大陸系磨製石器には太型蛤刃石斧・方柱状石斧・抉入石斧・扁平片刃石斧・石庖丁・磨製石剣・磨製石鏃・石庖丁穿孔具などがあげられ，弥生文化開始当初よりほぼすべてのものが存在しかつ製作されている。ただ打製石鏃などはこの段階でも多くみられ，弥生中期頃になって急速に減少していく。晩期にみられた扁平打製石器は菜畑で若干みられ，曲り田ではほとんどみられないが，玄界灘沿岸に所在するこの両遺跡ともほぼ完全に大陸系磨製石器へと変わっていると言えよう。ほぼ同時期の福岡県の内陸部および中・南部九州における状況は扁平打製石器が比較的多く残るのが一般的であるが，石庖丁はこの時点で普及しているようである。瀬戸内・畿内ではこの段階では石庖丁は未だ普及していないなど，地域的な較差が認められる。

紡織技術　紡織技術の存在を証明する遺物は布そのものと布圧痕，紡錘車があげられる。紡錘車は後期末の三万田式頃から出始めるが，当初のものは径 7〜10 cm と大きくて分厚く重量も重い。晩期も後半になると次第に小型化していくが分厚くて重い。弥生早期のものは径 5〜6cm へと小型化し，形態も整い定型化してくる。この紡錘車の大きさ・重量の変化に伴い，土器などに残る布圧痕も晩期Ⅴ・Ⅵ式のものが 1cm あたり経糸 6〜10本，緯糸 5本ほどとかなり粗いのに対し，弥生早期のものは山の寺遺跡のものが経糸 15 本，緯糸 7本，菜畑では経糸 15〜18 本，緯糸 8〜10 本と細かくなり紡錘車に対応している。やはり弥生早期の段階で織布技術にも大きな発展と画期があったことを指摘できる。

墓制　縄文後期後半から晩期前半にかけての葬

法の一つに甕棺葬がある。福岡県苅田町浄土院遺跡出土の西平式の甕棺内より成人女性の火葬骨が出土し[20]，後晩期の葬法の一つとして火葬が行なわれていたことは確実である。曲り田遺跡の小型支石墓[21]，長崎県原山遺跡などでみられる小型の石棺，甕棺などの内部主体[22]はそのすべてが幼小児用であるとは考えられず，また成人の極端な屈葬という点も人骨が残存しない点などから納得し難い。これら小型の内部主体は明らかに縄文後晩期の葬法の系譜をひくもので，その一部は浄土院遺跡などでみられた火葬という葬法を用いた可能性が高い。晩期後半における葬法は現在のところ必ずしも明瞭ではないが，弥生早期になると支石墓が新たに現われる。

　支石墓は大きな上石の下に円礫数個を支石として置く碁盤形のいわゆる南朝鮮式のものであり，その源流はどこであるかを物語ってはいるが，諸諸の点で南朝鮮の支石墓とは相違点が認められる。まず上石の大きさが南朝鮮のものに比べてきわめて小さく，南朝鮮の支石墓の大多数が，内部主体は石室であるのに対し，北部九州の支石墓の内部主体は木棺・土壙墓・石棺・甕棺とバラエティに富んでおり，内部主体としては導入されたものである箱式石棺も当初は小型化されているように，その成立の時点から縄文後晩期以来の伝統的要素と導入された要素とが融合して形成された日本化した独自の支石墓であるといえよう。福岡県糸島郡志摩町新町遺跡を例にとると[23]，支石墓の内部主体として多くを占めるのは木棺墓であり，墓壙の床面には棺台と思われる円礫を置き，あるいは棺と墓壙との間に石をつめて裏込としている。これは砂丘遺跡における特例かとも考えていたが，1987年に調査された同郡前原町長野宮前遺跡でも同様の例が検出され[24]，弥生早期における葬法として一般的なものであったことがうかがえる。北部九州では木棺墓はその後，弥生前期に盛行し中期前半まで多くみられる。

　さて支石墓の被葬者であるが，最近までは大型甕棺が成立する前期後半以前の人骨の出土は皆無に等しかった。前述の新町遺跡で始めて弥生文化成立期の北部九州の人骨を発掘し，その担手がいかなる形質の人々であったかを調査する機会に恵まれた。弥生文化成立の担手は朝鮮からの渡来人であろうという大方の期待とは逆に，きわめて縄文人の形質に近い人骨であった[25]。弥生文化の成

立については主体は内部的条件の発展であり，外来的要素は従であったとする筆者の見解にとってはまことに都合のよいものではあるが，出土した人骨の量は未だわずかであり，またこの問題は端緒についたばかりのものであり，渡来人の存在そのものを否定するわけにもいかない。今後この時期の資料の調査・収集を意識的に行ない，比較・検討を重ねるべきであろうが，弥生文化成立当初の人々の形質はやはり縄文的特徴をもつものが主体を占め，渡来人の比率は遺物に外来的要素が認められる程度のものであろうと考えている。

３　ま　と　め

　前項で弥生文化を規定する主要な要素を概観してきた。これらのなかには縄文後晩期から認められる伝統的なものの発展と，その源流を大陸・朝鮮に求めるべき外来的要素の両者が存在している。

　弥生文化を規定する最も重要な要素は水稲耕作であることはいうまでもない。水稲耕作はその開始当初から体系化されたものをもっているが，この先進的文化を受容するのにあたり，縄文晩期の段階で原始的萌芽的農耕が発生しそれが発展することによって稲作受容を可能ならしめたものと考える。近年の調査によれば弥生遺跡と共通する低地の縄文晩期遺跡が発見され，これらの遺跡でも扁平打製石斧が台地上の遺跡と共通しており，原始的萌芽的農耕の存在を考慮すべき状況にあり，また各地域における弥生文化の成立を同一平野内で晩期から継続して追求し得る展望が開けつつある。

　他の遺構・遺物にしろ縄文晩期から継続的に発展したと考えられるものが多く，やはり弥生文化の成立は渡来人が担ったというような急激な変化ではなく，縄文後晩期以後に徐々に朝鮮からの先進的文化の流入があり，それを在来的要素と融合させながら受容しつつ弥生文化へ漸次発展していったというべきであり，その担い手の主体は在来人であったといえよう。

　弥生文化の成立後，外来的要素が強くみられる時期がいくらかあり，第一波は当然のこととして水稲耕作・大陸系磨製石器・金属器の認められる曲り田(古)式すなわち弥生文化開始期であり，第二波は住居跡などの一部に松菊里型の住居跡の影響などが認められる[26]板付Ｉ式の段階であり，第

三波は青銅製武器・多鈕細文鏡・無文土器の流入などがみられる前期末〜中期初頭頃である。これらは第一波は大きく，第三波も比較的大きく，第二波は小さいといえよう。

最後に弥生文化成立期の年代観について若干の私見を述べておこう。先に筆者は甕棺の編年を行ない，それを基に弥生時代の年代を論じた[27]。それによると前期末をB.C.170〜180年頃としている。同様の論理にしたがって年代を付与すれば板付Ⅰ（古）式はB.C.4世紀後葉からB.C.300年前後，曲り田（古）式はB.C.400年を前後する頃に位置づけられるものと考えている。

註

1) 森貞次郎「おわりに」日本考古学協会西北九州綜合調査特別委員会『日本農耕文化の起源に関する研究 島原半島（原山・山の寺・礫石原）及び唐津市（女山）の考古学的調査』1960

2) 福岡市教育委員会『板付遺跡調査概報―板付周辺遺跡調査報告書（5）1977〜1978年度』福岡市埋蔵文化財調査報告書第49集，1979

3) 唐津市『菜畑―佐賀県唐津市における初期稲作遺跡の調査』1982

4) 福岡県教育委員会『石崎曲り田遺跡』Ⅰ・Ⅱ・Ⅲ『今宿バイパス関係埋蔵文化財調査報告』第8・9・11集，1983・1984・1985

5) 佐原 眞「弥生土器入門」佐原眞編『弥生土器』Ⅰ，ニュー・サイエンス社，1983
佐原 眞「1.総論」金関 恕・佐原 眞編『弥生文化の研究 3 弥生土器Ⅰ』雄山閣，1986

6) 橋口達也「日本における稲作の開始と発展」福岡県教育委員会『石崎曲り田遺跡』Ⅲ，今宿バイパス関係埋蔵文化財調査報告第11集，1985

7) 福岡市教育委員会『福岡市有田七田前遺跡―有住小学校建設に伴う埋蔵文化財調査報告―』福岡市埋蔵文化財調査報告書第95集，1983

8) 小田富士雄ほか「Ⅴ―2 宇木汲田貝塚」唐津湾周辺遺跡調査委員会編『末盧国』六興出版，1982

9) 川上勇輝「米の圧痕ある縄文末期の土器―菊池ワクド石出土の土器報告―」熊本史学，14，1958

10) 財団法人北九州市教育文化事業団埋蔵文化財調査室「長行遺跡―北九州市小倉南区大字長行所在―」北九州市埋蔵文化財調査報告書第20集，1983

11) 岡崎 敬「コメを中心としてみた日本と大陸―考古学的調査の現段階―」古代史講座13，学生社，1966

12) 佐原 眞「1.総論」金関 恕・佐原 眞編『弥生文化の研究3 弥生土器Ⅰ』雄山閣，1986

13) 橋口達也「Ⅱ―2―a―1)―イ 器種―とくに甕と深鉢について―」福岡県教育委員会『石崎曲り田遺跡』Ⅱ上巻，今宿バイパス関係埋蔵文化財調査報告

第9集，1984

14) 福岡県教育委員会『二丈・浜玉道路関係埋蔵文化財調査報告』1980
小池史哲「福岡県二丈町広田遺跡の縄文土器―晩期初頭広田式の設定―」森貞次郎博士古稀記念古文化論集，1982

15) 瀬高町教育委員会『権現塚北遺跡』瀬高町文化財調査報告書第3集，1985

16) 森貞次郎・岡崎 敬「1.福岡県板付遺跡」日本考古学協会編『日本農耕文化の生成』東京堂出版，1961

17) 乙益重隆「5.熊本県斎藤山遺跡」日本考古学協会編『日本農耕文化の生成』東京堂出版，1961

18) 福岡県教育委員会「石崎曲り田遺跡」Ⅱ中巻 今宿バイパス関係埋蔵文化財調査報告第9集，1984

19) 佐々木稔・村田朋美・伊藤 薫「Ⅲ―1.出土鉄片の金属学的調査」福岡県教育委員会『石崎曲り田遺跡』Ⅱ中巻 今宿バイパス関係埋蔵文化財調査報告第9集，1984

20) 浄土院遺跡調査団『浄土院遺跡調査概要』1972

21) 福岡県教育委員会『石崎曲り田遺跡Ⅰ』今宿バイパス関係埋蔵文化財調査報告第8集，1983

22) 日本考古学協会西北九州綜合調査特別委員会『日本農耕文化の起源に関する研究 島原半島（原山・山の寺・礫石原）及び唐津市（女山）の考古学的調査』1960
日本考古学協会西北九州綜合調査特別委員会『日本農耕文化の起源に関する研究 島原半島（礫石原・百花台・小ガ倉・小浜・原山）の考古学的調査第二次概報』1961

23) 志摩町教育委員会『新町遺跡』志摩町文化財調査報告書第7集，1987

24) 前原町教育委員会調査。調査担当の岡部裕俊氏のご教示による。

25) 中橋孝博・永井昌文「福岡県志摩町新町遺跡出土の縄文・弥生移行期の人骨」志摩町教育委員会『新町遺跡』志摩町文化財調査報告書第7集，1987

26) 中間研志「松菊里型住居―我国稲作農耕受容期における竪穴住居の研究―」『東アジアの考古と歴史』中，同朋社，1987

27) 橋口達也「甕棺の編年的研究」福岡県教育委員会『九州縦貫自動車道関係埋蔵文化財調査報告』―XXXI―中巻，1979

東北地方における縄文と弥生の境 — ■ 須藤　隆

東北大学助教授
（すとう・たかし）

垂柳や砂沢などの調査によって東北地方の弥生文化も西日本での
成立にさほど遅れることなく急速に進んだことが明らかになった

東北地方における弥生文化の研究は，最近，め
ざましい進展をみせている。とくにその受容期に
ついての資料が著しく豊富になってきた。また，
弥生時代の水田跡が大規模に調査されるようにな
ったため，その農耕の技術内容もある程度理解で
きるようになってきた。弥生文化生成の地，北九
州から遠くへだたった津軽地方においてすら，晩
期縄文時代の終末に，前期弥生農耕が受容され，
その定着が早いテンポですすんだことが明らかと
なってきた。かつて山内清男が指摘したように，
弥生文化の波及による縄文文化の終焉は，東北地
方においても，西日本にさほどおくれることな
く，土器型式で 1，2 型式の間に到来したことが
あらためて確認されつつある。ここでは，この受
容期を中心に考えてみたい。

1 東北地方縄文文化の終焉

（1） 亀ヶ岡文化

亀ヶ岡文化は，縄文文化の到達点の 1 つであ
る。そこには多彩な物質文化がみられる。とく
に，精巧な作りで，複雑華麗な装飾の土器は，亀
ヶ岡式土器としてよくしられている。土器製作の
他にも亀ヶ岡文化にはすぐれた技術体系がみられ
る。とりわけ，漆の塗布技術の発達はめざましい
ものがある。弓，木製容器，土器，骨角器などの
上塗りとともに，編籠に漆を塗り重ね，朱漆や黒
漆で文様を描いた籃胎漆器や，朱漆塗りの櫛など
精巧な作りの漆製品がみられる。

また，さまざまな生活資材を有するとともに，
装飾品の種類，素材も多彩である。硬玉製の勾
玉，複雑な透し彫りのある骨角製髪飾り，垂飾，
アカガイやベンケイガイ製の貝製腕飾り，土製耳
飾など，華麗な装飾が施された多種多様な装身具
が製作されている。

また，骨角製の釣針，固定銛，離頭銛，刺突
具，骨鏃など狩猟，漁撈用具も多様な器種が発達
し，狩猟，漁撈活動の高揚がうかがえる。狩猟
具，生活用具としての石器とともに，石剣，石刀，

独鈷石など，装飾を有し，特殊な機能をもつ磨製
石器も盛んに製作される。

また，この時期には，呪術的性格のつよい土
偶，土製仮面も盛んに使用される。土偶は，精巧
な作りだが，定型的なあり方をしている。一方，
土製仮面は，多様な形態と装飾をもち，変異が大
きい。

このように，亀ヶ岡文化には，すぐれた技術に
よって作りだされたさまざまな物質文化がみられ
る。そしてそれを生みだした社会は，集落，墓な
どのあり方から，定住性がつよく，複雑な社会構
造，生活様式，習俗を確立していたことが推定さ
れる。しかし，その経済基盤は，貝塚，泥炭遺跡
などから出土する動，植物遺存体のあり方で，基
本的に晩期終末まで漁撈，狩猟，採集活動を基軸
としていたと考えられる。この社会は，基幹集落
を中心に，季節の移り変りにしたがって狩猟，採
集活動をくりひろげ，それぞれの地域の資源を効
率よく確保し，その自然環境にみごとに適応して
いたといえる。

この亀ヶ岡文化の推移は，山内清男の土器型式
の編年研究にもとづいて，6 期に区分される[1]。

1 期と 2 期には縄文後期終末の「入組文土器
群」にみられた器種構成，装飾体系が大きく変容
し，亀ヶ岡式土器の基本的器種構成と「入組三叉
文」を基軸とする装飾体系が成立する。土器とと
もに，この時期には，精巧な作りの土偶や土面が
盛んに製作されている。土偶は，著しく斉一化す
るが，土面は多様な型式が各地に出現する。髪飾
りなど装身具もみごとな装飾をもつものが作られ
る。また，狩猟，漁撈具には離頭銛，根挟みなど
複雑な構造をもつ道具が製作され，狩猟，漁撈活
動の発達がうかがえる。

この晩期前葉には，さまざまな物質文化の製作
技術が著しい発達を示す。この時期に，亀ヶ岡文
化の基本的な構造が形成され，東北地方独特の狩
猟・採集文化が成立する。

次の 3，4 期には，遺跡の分布密度が著しくた

かまり，安定した狩猟社会が成立する。そして，この時期の物質文化は，前段階にくらべ，斉一性がつよまる。ことに土器の形態，装飾には，定型化がいちじるしい。鉢，注口土器など一部の器種にはひろい地域で共通した様相が確立する。他方，器種によっては小地域での差異が鮮明になる。深鉢は，ことに小地域での斉一性，地域色がつまる。このように晩期中葉は，集団間，集団内での規制がつよまり，安定した集団関係が成立したと推定される。

（2） 亀ケ岡文化の終焉

晩期後葉の5，6期になると，中葉にみられた亀ヶ岡式土器の地域色は変貌する。工字文，変形工字文を基調とする装飾体系は，従来の地域圏をこえ，東北地方全域，さらに関東，中部高地，北陸地方におよぶひろい地域につよい斉一性と変異をもたらす。ことに5期には，主要な装飾要素として工字文が成立し，入組三叉文を基調とする従来の装飾体系が大きく変化する。最終末の6期には斉一性のつよい変形工字文の展開する高杯，鉢，壺が発達し，装飾体系の変化とともに，器種構成も著しく変化する。このような土器型式の変化とともに，独鈷石の出現，土製仮面の消滅，中空土偶の消滅など，他の物質文化のあり方にも新たな変化がうかがえる。

かつて，山内は，東日本でも，西日本の晩期縄文文化の終末にさほど遅れることなく，1，2型式の時期差のうちに終焉をむかえると主張した。この指摘は，50年たった現在，あらたな妥当性をおびてきた。それは，亀ヶ岡文化6期あるいはその直後の砂沢式期に西日本の前期弥生文化が受容され，稲作農耕が開始されたことが確実になったからである。

青森県砂沢遺跡出土の砂沢式土器については，芹沢長介氏によって早くから弥生土器の影響が指摘されていた。その後，この資料に籾痕土器2点が発見され，砂沢式期に弥生文化が受容されたことが確認された[2]。

1985年，最上川の河口にちかい生石2遺跡において，この砂沢式土器とともに近畿地方の第Ⅰ様式中段階に相当する遠賀川系土器が多数出土した[3]。この共伴関係の確認によって，東北地方の縄文文化の終焉は，西日本の前期弥生時代の中葉に位置づけられ，従来考えられてきた年代的隔たりが大きく縮められた。

このように晩期6期後半，あるいは6期直後に，西日本の前期弥生土器やその技術体系，前期弥生時代の農耕技術と農耕文化複合が東北地方北部まで受容され，この地方の弥生社会，文化の基盤が形成され，縄文社会がその終焉をむかえたといえる。

2 前期弥生文化の受容

（1） 遠賀川系土器と砂沢式土器

東北地方の各地で，西日本の前期弥生土器，あるいはこの遠賀川式土器と共通した特徴をもつ土器の存在が明らかにされている（図2）。新井田川流域の青森県南郷村松石橋遺跡から出土した1点の壺が，その嚆矢となった[4]。馬淵川流域では，八戸市是川中居，八幡，剣吉荒町，岩手県二戸市金田一川遺跡などでつぎつぎとこの遠賀川系土器が確認されている。さらに，津軽地方では尾上町五輪野遺跡，岩木山麓の弘前市砂沢，深浦町吾妻野Ⅱ遺跡，男鹿半島では横長根A，雄物川下流域では秋田市地蔵田B遺跡から出土している。ま

図1 青森県瀬野遺跡出土の典型的砂沢式鉢形土器

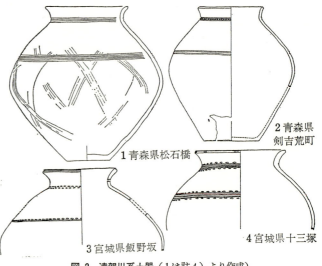

図2 遠賀川系土器（1は註4）より作成）

図3 山形県生石2遺跡出土折衷型遠賀川系甕形土器

た，仙台平野でも名取市十三塚，飯野坂遺跡，そして阿武隈川流域では福島県霊山町根古屋，石川町鳥内遺跡，さらに，会津盆地では会津若松市墓料，只見川流域の三島町荒屋敷遺跡などで遠賀川系土器が出土している。その遺跡数は20ヵ所をこす。

これらの遠賀川系土器の大部分が近畿地方の第1様式中段階に相当する。また，壺とともに，甕，蓋形土器が出土しており，器種構成に機能的なまとまりがみられる。このことから単なる容器として土器が搬入されたのではなく，西日本から弥生集団が土器をセットでもちこみ，その生活様式と土器製作技術がこの地域にもたらされたと考えられる。すなわち，集団相互の結びつきによる生活様式全体の受容と変容の可能性がたかい。

生石2遺跡では，砂沢式土器や搬入遠賀川式土器とともに，在地の伝統的技術が併用された「折衷型遠賀川系土器」が出土している（図3）。この土器群は器形，装飾，製作技術などに縄文社会の伝統を根づよく保持しているが，その器種構成はこの地方の縄文社会が維持してきた組成と異質である。むしろ，西日本の前期弥生土器のあり方と共通する。

砂沢式土器は，生石2遺跡出土資料と同様に，砂沢，是川中居，剣吉遺跡などにおいても，搬入遠賀川式土器，この地域で製作された遠賀川系土器，そして在地の伝統的土器と折衷型遠賀川系土器といった要素で構成され，相互に補完関係にある。このような独特の土器型式のあり方が，東北地方北部，西部のひろい地域におよんでいる。

この砂沢式には碧玉製管玉，炭化米，蛤刃石斧など弥生文化の要素が共伴する[5]。そして，生石2，砂沢，是川中居遺跡などひろい地域で籾痕土器が伴うことが明らかにされている。このような土器型式や他の文化要素のあり方は，前期弥生文化と稲作農耕の受容が東北地方の北部と日本海沿岸地域では早いテンポで，比較的一様に進行したことを示している。そして，この砂沢式土器の分布圏では，この時期に縄文社会が農耕社会へ大きく変貌しはじめたと考えられる。

東北地方の東半でも，前期弥生文化，遠賀川式土器の受容が，北部や西半の地域とほぼ同時に進行している。しかし，砂沢式土器分布圏のような広い範囲に，均質で，一様な変化はみられない。この地方ではそれぞれの地域的伝統がより鮮明にみられる。晩期終末から前期弥生時代にかけて盛行する高杯の出現頻度に地域によって大きな差があるように，器種構成，装飾体系などは，地域によってかなりの相違がみられる。この地域差は，すでに縄文晩期に認められた相違であり，晩期後半から弥生時代前期にかけて基本的に大きく変わることなく，維持されつづけたといえる。

(2) 東北地方における最古の弥生集落

1985年，秋田市地蔵田B遺跡において，東北地方ではじめて弥生時代前期の集落が全域調査された[6]。この集落は，3棟ないし4棟の竪穴住居によって構成されたと推定されている。その構成，規模は晩期の集落と大差ない。しかし，周囲に長径63m，短径46mの楕円形に柵木がめぐり，縄文集落にはみられない構造をもつ（図4）。

それぞれの住居は，4～6回改修され，柵列も集落の発達にともない，拡張されている。住居，柵列のあり方から，この集落は，かなり長い期間存続し，安定した農耕集落であったと推定される。柵の外側には，墓域が形成され，25基の土壙墓が営まれ，壺棺8個が埋納されていた。この土器棺には大型の遠賀川系壺がみられる。このような合せ口壺棺を用いる葬制は，従来の亀ヶ岡文化をになった集落にはみられず，西日本からの前期弥生文化の受容と関連すると考えられる。この葬制は，この時期に出現し，弥生時代中期へうけつがれる。再葬墓の成立とも係わると推定される。

このように墓制もふくめ，砂沢式期の社会は，それまでの狩猟，採集社会から農耕を基盤とする

25

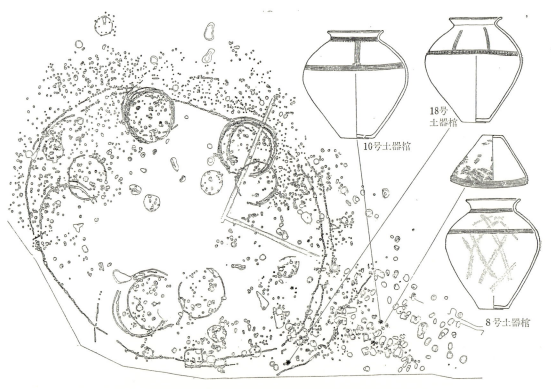

図4 秋田県地蔵田B遺跡の前期弥生集落と遠賀川系土器（註6）より作成

弥生社会へ確実に変貌をとげたと判断される。

　日本海側では，晩期6期後半，あるいはその直後に，西日本から前期弥生農耕集団が進出し，在地集団に受け入れられ，稲作を基軸とする農耕を営み，農耕社会を成立せしめたと考えられる。

　これに対して，奥羽脊梁山系の東側では，前期弥生土器に地域的変異が大きい。北上川流域や鳴瀬川流域では，前期弥生時代に，青木畑式・山王Ⅲ層式土器が分布する。また，阿武隈川流域の鱸沼，福島県飯舘村岩下A遺跡[7]などでほぼ同時期の資料が確認されている。これらの土器型式は，砂沢式土器より後出の土器型式である。そして，この地方の弥生土器特有の器種構成と装飾体系がすでに確立している。したがって，これに先行し，砂沢式に平行する前期弥生土器の存在が予想される。

　青木畑，山王Ⅲ層式など，この地方の前期弥生土器は，甕，壺，蓋，高杯，鉢をその主要な器種構成とする。その器種構成は，従来の亀ヶ岡式土器とは異なる。ことに蓋と甕の定着は，西日本から農耕にもとづく生活様式が受容されたことを示唆する。一方，装飾性のつよい鉢，高杯，深鉢などの精製土器には，晩期縄文土器の装飾体系の根づよい伝統が存続する。晩期終末に盛行した「変形工字文」は，その構成をさまざまに変容させながら，この地方の弥生文化の装飾体系の基軸となる。稲作農耕民としての新たな生活様式が成立しても，その地域の縄文社会の伝統的な習俗，技術体系は存続する。むしろ，伝統的要素が，この地方の前期弥生文化の性格をつよく規定し，その後の地域色形成の基盤となる。

　この地域の前期弥生集落として，岩手県滝沢村湯舟沢[8]，軽米町馬場野Ⅱ遺跡[9]などが調査されている。いずれも，青木畑式から山王Ⅲ層式期の集落である。これらの集落は，丘陵上や，山麓の緩斜面などに営まれている。規模は小さく，1時期に5～6棟の住居によって構成される。その構造は，岩手県安代町曲田Ⅰ遺跡[10]など晩期集落と大差ない。このように晩期から弥生時代前期にかけてとくに集落構造，立地条件などに顕著な変化は生じていない。

　東北地方太平洋側においても，南小泉遺跡のように，晩期最終末あるいは弥生前期になって，沖積地の自然堤防，扇状地に集落が出現し，発展する。しかし，一方で晩期集落が弥生時代にそのままつらなる遺跡も少なくない。この地方では，土

器型式，石器など物質文化に，新たな様相があらわれる一方で，縄文社会からの伝統が根づよく認められる。このようなあり方は，東北地方の初期農耕文化の特徴といえる。東北地方の晩期縄文社会は，すでにのべたように，きわめて定住性がつよく，安定した狩猟・採集社会である。この定住性のつよい狩猟・採集社会が西日本に成立した農耕技術，前期弥生文化を主体的に受容した結果，集落の立地条件，構造，規模，土器の器種構成，装飾体系など物質文化のあり方，技術に縄文時代からの伝統がつよく保持されたと推定される。

また，その受容は，急激に展開する。そして，東北地方西部，北部では大きな軋轢を生ずることなく一様に受容が進行したと推定される。この弥生文化の受容は，東日本全体でほぼ並行してすすみ，大きなずれはみられず，その後の弥生文化の展開も東日本全域でよく対応して推移する。

3 農耕社会の発達

(1) 東北北部の弥生社会

東北地方の前期弥生文化は，より強い地域色をもつ中期弥生文化へと発展する。そして中期初頭から中葉にかけて弥生文化は安定した様相を確立する。それは土器型式の変遷に最もよくあらわれている。中期弥生土器は，前期弥生土器の組成と技術を踏襲する。そして，地域差がより鮮明となる。東北地方南部では，関東地方東部，北陸地方東部などと共通した土器型式が成立する。東北地方の中部では，壺，甕，鉢，高杯を重要な構成要素とする中期弥生土器が確立する。北部では，器種全体が中部や南部と著しく様相の異なった土器型式が推移する。

中期に，稲作農耕は一層拡大，発達する。仙台平野や津軽平野では，整然とした水田跡が検出されている。その水田は，きわめて計画的に営まれ，かなりの規模とひろがりをもつ。

青森県垂柳（たれやなぎ）遺跡では，約 800m にわたって，656 枚，4,000m² ほどの弥生時代中期の水田跡が検出されている。この水田は，津軽平野を西から東に流れる浅瀬石川左岸のひくい自然堤防と後背湿地にひろがる。この自然堤防は，東へきわめてゆるやかな勾配でのび，その南緩斜面に数条の水路と多数の水田が営まれている。

水路は，幅 1m ほどの浅い溝で，南北に 40m から 60m の間隔で 4 条，東西 300m 以上にわたって平行にのび，この水路にそって畦畔で区画された 2〜3m 四方の水田が多数営まれる。

水田は，東半にひろがるものと西よりにひろが

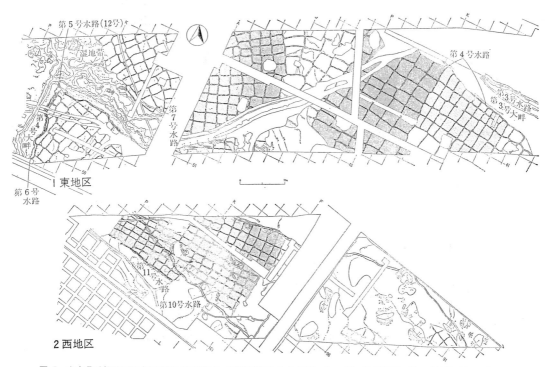

図 5　青森県垂柳遺跡の水田遺構（村越ほか『垂柳遺跡』より作成）（アミ部の畦畔区画に強い企画性がうかがえる）

るグループがみられる。この間に約200mにわたって，水路はのびるが水田の検出されていない空地がひろがる。東区では，水路にそって幅4mほどの大畦が2条検出されている。この大畦の両側に，畦畔区画の整然とした水田がいくつかのまとまりをみせている（図5）。

このような企画性のある水田は，500m²から1,000m²程度のひろがりで11ヵ所ほどのまとまりが認められる。ことに調査地の西端で検出された水田は，間隔約30mの2本の水路の間を2m四方程度に整然と区画したものである。

このような水田の構造は，広い範囲での水田造営の規制とともに，より小範囲での規制が働いていることを示唆している。この小範囲での企画性は，おそらく水田経営の単位にかかわるものであろう。もっとも明瞭な企画性がみられるのは，東区の大畦（第3号大畦）の南側と西区にひろがる水田である。前者は，面積612m²，約189坪ある。他のまとまりは，かなりのばらつきがみられるが，ほぼ500m²程度のひろがりをもつ。

このような水田のあり方から，その内部で500m²前後の水田を計画的に経営する単位とこれが数単位あつまり，500枚，3,500m²をこす広大な水田を営み，その全体を統合，規制する集団の存在がうかがえる。さらに西区と東区のようにこのまとまりをこえた複数の集団の存在が推定される。

この垂柳遺跡の水田は，その構造，経営規模からみて，東北地方北部の弥生農耕が確実にこの地に定着し，発展しつつあったこと，しかもそれを経営する農耕社会の構造がかなり複雑化しつつあったことを示唆している。この付近の遺跡の分布状況から，数棟の住居によって構成される集落が自然堤防上に数珠を連ねたように営まれていたと推定されている[11]。将来，この水田を営んだ集落の実態が明らかにされることが期待される。

（2）東北中部の弥生社会

仙台平野では，名取川・広瀬川流域の広大な自然堤防と後背湿地で水田が検出されている。その水田のひろがりは，断続的にしろ2km四方をこすと推定される。仙台市富沢の弥生水田跡では，幅3mほどの水路や，幅1mをこす大畦が，縦横にのび，その中を小畦で2〜3m四方に区画し，整然とした水田が営まれている。

水田畦畔の方位は，いずれも磁北から30度ほど東にずれた方向にのびる。畦畔の方向は，河川の流路，自然堤防ののび，地形の傾斜など微地形につよく規制されると推定されるが，ここではかなりの広さで企画性が認められる。この広大な水田と灌漑水路の造営，維持には，かなりの規模の農耕集団がかかわっていたと推定される。

水稲農耕民にとって灌漑水路の維持はきわめて重要な作業である。それは，富沢遺跡の水路遺構にも十分にうかがえる。この遺跡では，中期初頭にすでに基幹水路が掘削されている。そして，この水路は，その後改修をかさねながら機能をはたしつづける。この長期にわたって維持された水路は，この地域における安定した農耕の実態を示している。さらに，この水路からは，狭鍬や鋤など木製農具が出土している。この時期の農耕は，木製農具による耕作が一般的である。このような技術段階では，やはり，低湿地などの軟質土壌がその主たる対象であり，洪積台地などの乾燥土壌における耕作は，あまり発達しえなかったといえる。丘陵地帯に分布する弥生遺跡においてどのような農耕が営まれたかは，今後明らかにしていかなければならない。

1987年，富沢水田遺跡の1kmほど東にある郡山寺院遺跡の東方地区においてII期官衙遺構群の下層から，中期末の弥生土器である崎山式土器，中期中葉の桝形式土器が層位的に出土した。さらに50cm下の8a層から前期の青木畑式土器が出土した。層位的にこれらの資料が出土したことによってこれまでの編年の妥当性が確認された。そして，この自然堤防における稲作農耕が弥生時代前期にさかのぼる可能性がきわめてつよいものとなった。将来この地域において前期の水田遺構，栽培植物が検出されることが期待される。

東北地方南半では，中期中葉の桝形式期に弥生石器の生産がいちじるしく発達する。阿武隈山系の変成岩，粘板岩を素材として生産が行なわれ，東北地方南半の太平洋側にひろく供給される。この弥生石器の生産とその供給システムは，中期末の桜井式期まで継続する。このように石器生産の点でも安定した弥生社会の発展がうかがえる。

この時期の農耕集落は，居住域から隔絶された墓域を営む。ことに南部では，前期から中期前半にかけて，再葬墓が盛行する。これは，大型の納骨壺による特殊な墓制である。中期中葉以後には土壙墓，土器棺墓が一般的となる。福島県楢葉町

の天神原遺跡は, 弥生時代中期後葉の代表的な共同墓遺跡である。この墓域では, 長楕円形プランの土坑墓が47基, 土器棺墓が24基営まれている。そしてその墓壙と土器棺墓群が, 3群の集中を示している[12]。この共同墓域を営んだ中期後半の農耕集団は, その墓域の構造から, 緊密な結びつきをもった複数の小規模集団によって構成されていたと推定される。このような農耕集団のあり方は, 東北北部の垂柳遺跡の水田構造にうかがえた傾向とよく対応している。

このような中期の安定した農耕社会の成立が, 次の後期弥生社会の基盤となる。名取川流域にある仙台市富沢水田遺跡, 南小泉集落遺跡は, 中期の典型的な集落, 水田遺跡であるが, 後期になお存続, 発展する。富沢遺跡につらなる山口, 下の内浦遺跡などでは, 後期の土器が多量に出土し, 後期水田の存在も明らかにされている。

4 結語

東北地方における弥生文化, 農耕技術の受容は, これまでに理解されていたのとは著しく異なり, 西日本の前期弥生文化の成立からさほどたちおくれることなく, 急速にすすんだことが明らかになった。北九州で生成したこの新たな農耕技術, 文化は, 縄文時代の長い時のながれのなかで形成された物資と人の交流ルート, 集団相互の結びつきの網目によって, 東北地方にひろく受容されたと推定される。

東北地方の北部と日本海側の地域では, 前期弥生文化, 初期農耕の受容は著しく受動的ではあるが, 早いテンポですすむ。その結果, 遠賀川系土器が広い地域に波及し, 小規模ではあるが, 柵列を有する農耕集落が出現する。縄文時代に機能しつづけた日本海沿岸の交流が, その受容の基底にあったと考えられる。

一方, 太平洋側では, 前期弥生文化, 農耕社会の成立は, それぞれの地域の縄文文化の根づよい伝統を踏襲し, 漸移的な様相がつよい。この地域では, 関東地方, 中部高地, 東海地方とのかかわりで, 相互にそれぞれの地域圏を中核として主体的に農耕文化, 技術を受容する傾向がうかがえる。その結果, この地域では, つよい地域色をもった弥生文化が成立したと考えられる。

註

1) 山内清男「所謂亀ケ岡式土器の分布と縄文式土器の終末」考古学, 1-3, pp.139〜157, 1930

2) 須藤 隆「弥生文化の伝播と恵山文化の成立」考古学論叢 I, pp.309〜360, 1983

3) 阿部 実『生石2遺跡発掘調査報告書』山形県埋蔵文化財調査報告書99, 1986

4) 市川金丸・木村鉄次郎「青森県松石橋遺跡から出土した弥生時代前期の土器」考古学雑誌, 69-3, pp.98〜106, 1984

5) 1987年に砂沢遺跡において水田跡が検出され, 弥生時代前期砂沢式期に属する可能性のたかいことを村越潔氏からご教示いただいた。この調査結果は, 現在, 出土土器, 堆積層の関係などについて検討が積み重ねられている(弘前市教育委員会『砂沢遺跡調査概要(説明会資料)』1988)。

6) 菅原俊行・安田忠市『地蔵田B遺跡』秋田新都市開発整備事業関係埋蔵文化財調査報告書, pp.11〜262, 1986

7) 松本 茂ほか『真野ダム関連遺跡発掘調査報告書VII』1985

8) 桐生正一ほか『湯舟沢遺跡』滝沢村文化財調査報告書2, 1986

9) 工藤利幸ほか『馬場野II遺跡発掘調査報告書』岩手県埋蔵文化財調査報告書99, 1986

10) 嶋 千秋ほか『曲田I遺跡発掘調査報告書』岩手県埋蔵文化財センター文化財調査報告書87, 1985

11) 須藤 隆「東北北部の弥生土器」縄文土器大成, 5, pp.100〜102, 1981

12) 馬目順一ほか『楢葉天神原弥生遺蹟の研究』楢葉町教育委員会, 1982

その他の引用文献

伊東信雄「青森県における稲作農耕文化の形成」東北学院大学東北文化研究所紀要, 16, pp.1〜26, 1984

伊東信雄「東北地方における稲作農耕の成立」日本史の黎明, pp.355〜366, 1985

伊東信雄・須藤 隆『瀬野遺跡』1982

児玉 準ほか『横長根A遺跡』1984

佐原 眞「東北地方における遠賀川系土器」弥生文化の研究, 4, pp.217〜222, 1987

須藤 隆「東日本における弥生文化の受容」考古学雑誌, 73-1, pp.1〜42, 1987

工藤竹久「東北北部における亀ケ岡式土器の終末」考古学雑誌, 72-4, pp.39〜68, 1987

村越 潔ほか『垂柳遺跡』青森県埋蔵文化財調査報告書68, 1985

弥生文化に残る縄文的要素

石川県立埋蔵文化財センター
橋 本 澄 夫
（はしもと・すみお）

縄文から弥生への転換は革命的な変化といえるが，縄文時代から
受け継いだ要素は限定された遺物，地域に認められるにすぎない

1 食料採集経済から生産経済へ

　弥生時代の開幕は，採集・狩猟・漁撈活動を通して自然界から食料を獲得する生活から，稲作を中心とする農耕生活への転換をもたらしたのであり，まさに革命的ともいえる大きな変革であった。もとより，農耕生産物のみでの食生活などあり得ないから，縄文時代以来の食料獲得手段のすべてが消失したわけではない。採集や狩猟・漁撈活動もかなりの比重を占めていたに相違ないが，これらについても，ただ単に縄文的技術を継承しただけではなく，農耕文化とともに波及した新しい道具や技法が採用され，弥生時代の狩猟・漁撈として独自の展開を示すものが多い。

　日本列島に伝播した農耕文化は，意外に早い速度で東日本の諸地域にまで波及して，縄文世界から農耕世界への転換を果たしている。とはいえ，南北に細長く連なる日本列島である。北九州に流入した農耕文化が中部地域を経て東北日本にまで波及・定着するまでには，やはり，かなりの期間を要しており，地域によって受け入れ方にも大きな差を生じている。一般にいわれるように，伊勢湾地域と丹後半島を結んだ西日本では，かなりストレートに農耕文化を受け入れており，いわゆる遠賀川系土器が濃厚に分布する地域であり，この線から以北は，同系土器出土が稀薄で縄文的色彩を色濃く残している。縄文的要素は，列島の北東に進むにしたがい残存の率を高めている。しかし，縄文世界の伝統を強くとどめる地域とはいっても，新しい文化が浸透するとともに，生活様式や社会の仕組みはもとより人びとの世界観まで急速に変容していくのであり，縄文的要素の多くも数世代のうちに姿を消していったものと思われる。

2 残された縄文的要素

　弥生文化は単に種籾と稲作技術の伝来を意味するものではない。同時に伝えられた中国・朝鮮系の文物は枚挙に暇がないほど多彩であり，伝統的な縄文文化の諸相に，新しい文化をプラスしたともいえるが，そのことで古い伝統的要素を消失させ，置き換えてしまう作用もつよかった。だからこそ，縄文から弥生への転換は革命的な変化といえるのであり，縄文時代から受け継いだ要素は，かなり限られた範囲に認められるに過ぎない。さらに，弥生時代の全期間を通して残るものとなるともっと限定され，また，限られた地域にしか残らない要素も少なくない。弥生時代から始まる新しい要素をあげるより，縄文時代から残された要素を摘出する方が難しく，挙げうるものは少ない。

　弥生文化の本質をとらえるため，佐原眞氏はその諸相を三要素として整理している。(A)大陸から伝来した要素，(B)縄文文化から伝統として受け継いだ要素，(C)弥生文化独自に発達した要素，に分類し，さらに器物・技術・知識・思想・習俗などにわたって細かく各要素の内容を分析している。佐原氏の業績で表題の目的は達成されているのであり，つけ加えねばならない項目はほとんどない。読者の理解をたすけるため，ここでは，佐原氏が作製された一覧表を抄録させて頂くことにした。

　縄文文化からの伝統として受けついだ要素

(1) 品物・技術・知識
　①打製石斧の技術　②石鏃　③石匙　④石錐　⑤土掘具（打製石斧）　⑥環状石斧　⑦勾玉　⑧土器製作の基本技術・各器種の形態　⑨ミニァチュア土器　⑩土器の蓋　⑪土器の文様（流水文・木の葉文・縄文）　⑫木器・骨角器製作の基本技術　⑬竪穴式住居の構造　⑭二枚貝の貝輪　⑮骨角製釣針・銛・ヤス・ヘアピン　⑯ウルジ製品　⑰ウルシでかためた櫛

(2) 思想・習俗
　①抜歯の風習

(3) 伝わらなかったもの

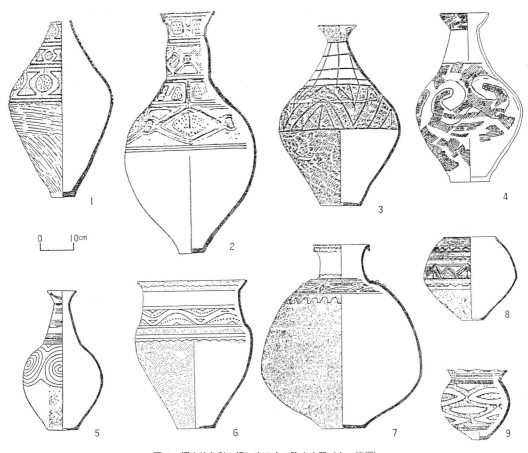

図1 縄文的色彩の濃い東日本の弥生土器（中・後期）
1：女方式　2：野沢Ⅰ式　3：天神原式　4・5：猫式　6・7：常盤式　8・9：田舎館式

①大多数の磨製石器（定角石斧など）　②耳飾・腰飾　③石鏃固定用の骨製ネバサミ　④青竜刀石器・多頭石斧・独鈷石・石冠・御物石器など石製呪具の大多数　⑤叉状研歯

（＊佐原氏は項目ごとに地域的な特徴や特例などについて触れているが，ここでは省略した。）

佐原氏のいうように，弥生文化は，多岐にわたる外来の要素(A)と，縄文文化からの伝統的な要素(B)とがからみ合って生まれたものであり，そのなかから独自の文化的要素(C)をも醸成している。要素(A)流入の門戸にあたる北九州地方で，中国・朝鮮の影響が強く，列島を北東にたどるにつれて，その影響は薄くなり，縄文的な要素(B)の残される率が高まっている。外来の文化要素の波及には，かなりの人びとが渡来移住し，在地の縄文晩期人と混血を重ねたことは疑いなく，また，混血の密度も西から東へと薄くなる。縄文的要素が色濃く残される中部地方以東での混血は，極めて稀なケースではなかったろうか。

3　住生活に残る縄文的要素

埼玉県寿能遺跡・福井県鳥浜貝塚・石川県真脇遺跡など近年は沖積地に立地する縄文集落遺跡の発見例が多い。しかし，縄文集落のほとんどが台地上など高燥地に営まれるという大勢には変わりはない。水田耕作の開始により，集落の立地も採集活動に適した森林地帯から明るく開かれた平地に移している。集落構造も農耕社会に適応し変化するが，福岡県板付遺跡でみるように，防禦を主目的とした大規模な溝をめぐらす環濠集落が早い段階で出現し，集落間・地域間の緊張関係が急速に広まっていくことを示している。いわゆる高地性集落も，極めて弥生的な事象として，関東や北陸以西で出現している。

家屋については，縄文以来の竪穴式住居を踏襲しているが，石囲炉は伝えなかった。竪穴の掘

31

り具としては，木器とともに縄文晩期の系譜をひく打製石斧が使用されたが，北陸地方では後期終末（月影式期）まで石鏃とともに残っている。一方，柱など建築用材の切り出しや加工は，鉄製工具の普及までは磨製石斧が主役となるが，縄文時代の定角式石斧は姿を消し，太型蛤刃石斧・柱状片刃石斧・扶入片刃石斧・偏平片刃石斧など大陸系磨製石器に転換する。特殊なものとして石川県七尾市出土の有段片刃石斧もあるが，石斧形態の分化は，縄文時代より細かく機能別に使い分けていたことを示し，木製農耕具などの製作にも威力を発揮している。大陸系磨製石斧の製作には，伝統的な石器製作技術が生かされたとも考えられる。なお，柱の下に礎板を敷き時には根固めのための石塊を充塡する技術は，真脇遺跡晩期（第Ⅱ層）にあり，弥生家屋に継承された技術の一つと考えられる。

弥生時代集落には，収穫物を貯蔵するための高床式倉庫が付設され，華南地方から波及したものとされる。金沢市新保チカモリ遺跡（晩期）などで，長方形もしくは方形に近い柱根の配列がかなり見られた。上部構造は不明であるが，建造物だったとすれば，低湿地の集落である種の倉庫的食糧貯蔵施設が存在した可能性も否定できない。しかし，弥生時代の高床倉庫とは系譜を全く異にしており，どのような形で影響をとどめたかは未検証である。

4 食生活に残る縄文的要素

コメを中心とした農産物が食生活を大きく変えた。しかし，採集・狩猟・漁撈による食料獲得も，食品に占める比重こそ低下したが，重要な手段であったことは疑えない。狩猟・漁撈などは，専業的色彩を強めたため，むしろ縄文時代より技術的に発達させた分野もあった。狩猟では落し穴猟はほとんどなくなるが，弓矢による狩りは銅鐸絵画にみられるように盛んであり，打製の石鏃は後期まで残る。ただ弓矢は武器として新たな役割を付加されることになった。また，磨製石鏃は大陸系のもので，わが国では祭儀などで使われた特殊なものとなっている。東北地方や北陸に分布するアメリカ式石鏃は，天王山式土器に伴うもので，東日本が生み出した弥生的要素の一つである。

漁撈では骨角製の釣針や銛がのこるが，漁網を用いての網漁も行なわれる。しかし，縄文時代に普遍的に出土した礫石錘や土器片錘は無くなり，変わって管状の土錘が出現する。渡辺誠氏によれば，管状土錘も農耕とともに伝来したものであり，弥生文化の東漸とともに波及している。とくに，集落に近い河川や湖沼で農耕民による漁撈活動が盛んだったことを物語るものである。

煮炊きによる調理は土器によった。深鉢形から甕形へと表現は変わったが，基本的には同じであり，土器の製作に紐状の粘土を巻上げや輪積みとする方法も伝統的といえ，ロクロ技術の導入は古墳時代に降る。ただ，北九州最後の縄文土器夜臼式では粘土紐の接着面が内傾するのに対して，板付Ⅰ式土器では外傾し，土器成形にも外来の技法が入っていたことが明らかにされた。東日本の弥生土器に，縄文を施すものが多いことは周知のことであり，地域によって器種や文様にかなりの縄文的要素をとどめるが，ここでは省略する。なお，土器の製作が女性によったことは縄文以来のこととされるが，専業的な集団が生まれつつあったとする見方も一部にみられる。個人用の食器（銘々器）は未発達で，箸を使用せず手食を主とした点は縄文時代の伝統といえよう。北陸地方の縄

図2 真脇遺跡の柱根，礎板出土状況（能都町教育委員会提供）

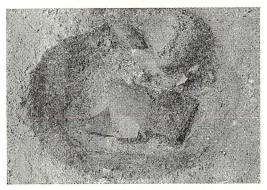

図3 真脇遺跡の礎板敷設状況（能都町教育委員会提供）

図4　金沢市米泉遺跡出土のアンギン（編布）
（縄文晩期，漆をしぼっているため残存した）

文晩期に出現した蓋形土器が弥生土器の一器種として継承されたことは，佐原氏の指摘の通りである。

弥生人も魚や獣肉を調理した。これらを切り刻む刃物も鉄製利器が普及するまでは，石器に頼ったとみられる。弥生中期ごろまでの遺跡では，石匙形や不整形な搔器もしくは刃器状の小型打製石器が出土する。新潟県下谷地遺跡（中期）では，石匙のつまみにアスファルトが付着したものもあり，着柄した利器だったことを物語る。これらの刃物は，前時代に比べて定形性に乏しく，やや粗雑な感じを与えるが，縄文的要素の色濃い調理具だといえよう。なにげない剝片状の石片の中に，生活具が含まれているかも知れない。

5　衣と服飾に残る縄文的要素

外来の新技術として，糸を紡ぎ布を織る技法が伝えられ，紡錘車や木製の織機が出土する。縄文時代には織布の技術はなかったが，アサ類の繊維を用いて編布（アンギン状）を作る技術は発達していた。石川県などに分布する土器底部の圧痕などから，その存在は渡辺氏などによって指摘されており，北海道斜里町朱円遺跡・宮城県一迫町山王遺跡で実物の一部が検出され注目されてきたが，近年では秋田県五城目町中山遺跡と石川県金沢市米泉遺跡でも，晩期に属する編布の実物資料が出土している。いずれも漆を漉したため偶然に遺存したもので，強く絞った状態で固化しており，布といって申し分ないほど糸目は細かい。中山遺跡では，大洞ＢＣ式期の特殊な泥炭層中より多数の漆製品とともに出土し，米泉遺跡でも7，8点の漆で固めた櫛と漆塗飾玉・漆塗腕輪各1点が共伴している。編布の存在を証明するとともに，漆製品の製作地であったことも確認したのである。

弥生時代の布は織機の伝来と波及につれて，急速に「編み」から「織り」に移行したとみられる。事実，同時代の編布そのものは未発見である。しかし，渡辺氏も指摘するように，編む技術が消失したとは考え難い。少なくとも東北日本などで存続し，農耕民の衣料素材として用いられた可能性は高い。

ウルシから樹汁を採集し，器物に塗漆する技術は，縄文時代から伝承した代表的な要素の一つである。漆を塗布することで木や竹などの原材質を保護し，複数の部分からなるものを固着させ，着色することができる。植物製繊維などに漆を塗り釣糸としたかも知れない。漆製品としてよく知られるものに櫛がある。縄文時代の漆塗りの櫛は，歯数8～10数本程度の竪櫛に近いものが主流で横櫛もあった。梳き櫛というより飾り櫛というべきものであろう。弥生時代の漆櫛については木下尚子氏の集成があり，奈良県田原本町唐古遺跡・大阪府茨木市東奈良遺跡など10例が挙げられている。歯数4，5本のものや15本以上のもので梳く用を果たすものもある。木下氏もいうように，長い髪を束ね頭上を飾ったもので，用途は「かんざし」と共通する。黒漆を下地に朱漆で上塗りするのが一般で，歯の長い竪櫛が中心となる。いずれにせよ，歯を一本ずつ植え込

図5　松任市浜相川遺跡出土の櫛（弥生中期）

み，脱落を防ぐため漆で固定しているところに，縄文櫛以来の伝統的技法が踏襲されている。

弥生時代の中期になると，これとは異なる新しいタイプの櫛が出現する。愛知県清洲町朝日遺跡と石川県松任市浜相川遺跡（小松式期）で出土しているもので，木製（ノリウツギくユキノシタ科の落葉灌木：湖空木：金沢大学鈴木三男助教授鑑定＞）の歯20〜30本を漆を使用せず，桜の樹皮で編んで固定したものである。両者で編み方と固定法に違いがあるが，浜相川例では歯の上端部に湾曲を示す痕跡があり，長い木歯14本を逆U字形に曲げて28本の歯としている。とすれば，古墳時代の竪櫛の先駆的な形態といえるのであり，この時点で弥生時代独自の櫛が出現し，さらに古墳時代の櫛へ移行したことになろう。

櫛以外の服飾品で縄文的要素をとどめるものに，勾玉・管玉状の飾り玉，骨角製の髪飾（ヘアピン），貝殻製の腕輪（貝輪）などがある。勾玉や貝輪などは，農耕文化の進展にともない独自の展開を示し，新しい要素を加えているから，縄文時代の系譜をひくとはいえ，弥生文化が醸成した独自のものとしての色彩が濃い。九州・中国地方などで出土する貝輪は，ゴホウラ・イモガイなど南海産の大型巻貝を材料とするもので，ゴホウラ製が中心となる。縄文時代に盛行した二枚貝製の貝輪は，九州でも弥生前期までは継承されるが，前期後半ごろに現われた大型巻貝製のものに吸収され姿を消す。中期段階では巻貝製腕輪が盛行をみせるが，これには，単なる身を飾る装身具としてより，魔力を秘めた呪的効果を期待しての特殊な装具であった。巻貝製腕輪が青銅製の腕輪（銅釧）に転化し，さらに，古墳時代前期の碧玉製腕輪類（鍬形石・車輪石・石釧）として，極めて呪性の高い玉器にまで変貌することになる。なお，縄文晩期の漆塗腕輪は，弥生前期まで継承される。

6 信仰生活に残る縄文的要素

縄文世界には，狩猟や漁撈に関わるものなど，多岐にわたる呪術的な精神活動が行なわれ，土偶・土面・石棒・御物石器・石冠など多種多様の呪的遺物を残している。丹念に時間をかけて造形した人面や蛇体文を付した土器も，縄文人の心の一端を示している。ストーン・サークルや巨大な半割木柱を環状に配した遺構なども，縄文社会に集団としての信仰活動が存在したことを物語る。

稲作とともに伝わった農耕に関わる信仰や祭儀形態は，弥生文化の波及につれて縄文的思考やこれを基礎とする呪術行為を駆逐してしまった。縄文時代にみられたイノシシなどの動物形土製品やイノシシ上下顎骨の埋納（山梨県金生遺跡など）などは，狩猟対象獣の再生を祈り，その霊を送る狩猟民の儀礼であった。しかし，弥生社会に突入すると，農耕祭儀に関わる「犠牲」「生けにえ」に変化するという。佐賀県唐津市菜畑遺跡や奈良県唐古・鍵遺跡など前期段階で，イノシシ下顎骨に穿孔し，棒に刺して吊り下げる事例があり，犠牲を捧げる風習を示すものとされる。犠牲獣は，野生の狩猟獣から人との関わりの深い家畜獣（ウマ・ウシ）に移行することになる。獣類の頭（頭骨？）を特別に扱うという点では共通するが，狩猟社会と農耕社会の間では大きな隔たりが存在した。動物が登場する信仰としては，鳥形木製品を棒上に掲げ祖霊を祭る習慣が始まり，シカの肩甲骨などで行なう卜占（骨卜）の風習も新たに伝わったが，主として太平洋側地域で検出例が多い。人体に人為的な加工（損傷）を施す縄文的風習として，抜歯と叉状研歯の風習があった。後者の風習は縄文時代の終焉とともに姿を消し，抜歯の風習のみが弥生中期の段階まで残る。抜歯は成人式や婚姻など重要な通過儀礼に際して施され，縄文社会における親族組織の強化と維持に目的があったとされるが，稲作を基盤とした農耕社会の進展とともに，その機能は次第に失われていく。

多彩な呪具類の数々は，縄文人の豊かな精神活動を現代人にも実感させるが，弥生時代の銅鏡・武器形祭器・銅鐸などからは，豊穣を祈る農耕民の姿とともに，大きな権力を背景とした首長層の近づきがたい顔がみえてくる。

主要参考文献

佐原　眞「農業の開始と階級社会の形成」岩波講座日本歴史，1，1975

甲元真之「弥生文化の系譜」歴史公論，4—3，1978

渡辺　誠「漁業の考古学」講座　日本技術の社会史2（塩業・漁業），1985

渡辺　誠「編布の研究」『日本史の黎明』（八幡一郎先生頌寿記念考古学論集）1985

木下尚子・橋口達也・置田雅昭「装身具」弥生文化の研究，8，1987

神澤勇一「卜占」（同上）

春成秀爾「抜歯」（同上）

土肥　孝「狩猟儀礼から農耕儀礼へ」『縄文から弥生へ』（帝塚山考古学研究所）1984

縄文と弥生

自　然　環　境

大阪市立大学助手
■ 辻　誠一郎
（つじ・せいいちろう）

縄文以降現在までには4つの大きな画期があるが，とくに第3
の画期は意義が大きく，弥生はこの画期以降の延長線上にある

1　比較の視点

　環境変動史の中で，相対的に目立った変化がみられる時期は重要である。一般に，寒冷な気候が卓越する氷期においては温暖化が重要な意味をもち，温暖な気候が卓越する間氷期ではその逆である。そのような事件とも言うべき変化がみられる時期は，ゆるやかな環境の移り変わりを断ち，大なり小なりそれまでの時期とは性格の異なる時期へと移りゆく出発点ともなるので，時系列を類型だててみるときには画期と呼んでもよい。後述するように，縄文海進への転換期を含めると，縄文時代以降現在まで4つの大きな画期があった。縄文から弥生への転換期もその例外ではなかった。

　縄文時代以降は，縄文海進という大きなできごとによって代表されるように，相対的に温暖な気候が卓越する時代である。氷期の寒冷気候の最盛期をすぎると気候は次第に緩和し，海面は上昇したが，この海進（東京湾周辺では七号地海進と呼んでいる）と縄文海進を画する時期が最初の画期である。そして最後の4番目の画期とは，いわゆる「弥生の小海退」によって象徴される時期である。ここでいう「弥生の小海退」は，従来井関ら[1]によって述べられてきた縄文後期頃から引き続く一連のものではなく，縄文晩期中頃から弥生時代にかけてのものを指すので注意していただきたい。この2つの画期にはさまる縄文時代には，さらに残り2つの画期が含まれるのである。

　縄文時代と弥生時代の自然環境を比較するのが私に与えられたテーマであるが，両時代はあくまで文化的内容にもとづく時系列の区分単位であるから，単にそれに対応させた環境の比較論は，歴史科学において意味が薄い。ここでは，両時代の自然環境を対立的にとらえるのではなく，上に述べた画期に焦点をあて，その様相と環境変遷史上の意義について考える。その際，できるだけ関東という一地域に固執するが，それは，変動する自然の諸要素の相互の深い関連性と，人間と自然環境の交渉をより具体的に示すためである。

2　縄文海進と陸の環境

　最初の画期は，遅くとも約 11,000 年前に起こった海面の急激な低下と，規模の大きい侵食面を覆う完新統基底礫層（HBG）の形成期である。この海面低下は，約 15,000 年前に急上昇を開始した七号地海進と縄文時代の自然環境を象徴する縄文海進を画する大きな事件であった[2]。東京低地から長く続く古奥東京湾では，七号地海進は厚さ約 50 m の泥質の堆積物（七号地層）を形成し，最終氷期の最低位の谷ばかりか，立川面をも埋没させた。しかし，続く海面低下は七号地層を最大 40 m 侵食し，七号地海進の堆積頂面の痕跡を残さないほどであった。濃尾平野においても，現在の木曽川あたりで深さ 20 m 前後の下刻の痕跡がみられる[1]。

　関東低地における HBG 形成期の植生は，最終氷期最盛期の組成に似てチョウセンゴヨウなどの針葉樹も見られたが，カバノキ・ハンノキ類がはびこっていたことが特異である。これは，寒冷気候の復活とともに，下刻と機械的風化作用の卓越による土地的極相林の成立を示している。このような現象は平野ばかりでなく，山間盆地や山岳地帯まで連続的に見られたのである[3]。針葉樹を交える土地的極相林の卓越する植生は，約 10,000 年前，ナラ類を主とする落葉広葉樹林にとってかわられた。

　縄文海進は一般に，約 10,000 年から 6,000 年前にかけて急速に上昇したと考えられている。しかし，この間の環境変化が一方向的でなかったことが多くの資料によって示される。すなわち，8,000 年前前後を境にして，山岳地帯から海にいたるまで，環境が急変した変化点が読み取れるのである。これがここでいう第2の画期である。関東南岸部では，縄文海進期の堆積物を2分する河川成の砂礫層が形成されたが，それ以前の海面上昇は急速で，上昇速度が埋積速度を上回り溺れ谷

35

を形成した。一方その後の海面は緩やかに上昇し，砂泥底の海域を拡大しつつ最高期まで徐々に堆積物を累重していったのである[4]。

この画期は陸上域でも認められる。富士山東麓のいわゆる富士黒土層は，約8,000年前の斜交関係によって2分され，環境の転換期が介在する[5]。山岳地帯では，HBG頃の泥炭層を覆って粗粒砕屑物が供給されるが，その堆積はアカホヤ火山灰より下位の8,000年前前後に終了する。そして，砕屑物の少ない泥炭層がこれを覆い，穏やかな環境に一変するのである[6]。福井県鳥浜貝塚においても類似の現象が見られた。縄文早期多縄文から押型文土器などを含む厚い粗粒砕屑物がHBG期の泥炭層を覆い，アカホヤ火山灰を含む泥質の堆積物に覆われるのである[7]。

こうした諸現象は，この第2の画期において，環境変化の速度が急激であった不安定な時期から穏やかで温和な時期へと変化したことを示すであろう。それは，現在の白山の亜高山帯以上において，この画期以前にはほとんど森林植生が成立していなかったが，この画期を経てようやく森林らしい植生が成立したことからも伺い知ることができる[8]。大磯丘陵では，この画期以降に照葉樹林をつくるカシ類が初めて目立つようになるのである[4]。

3 2つの小海退

第3の画期は，縄文中期における浅谷形成によって示されるもので，縄文海進後の初めての急激な小海退期にあたる。この海退は「縄文中期の小海退」と呼ばれたりする[9]。縄文海進は約6,000年前にピークに達し，湾奥部では5,500年前すでに泥炭層が形成され始めた。すなわち，海は緩やかに後退し，縄文海進は終わった。これとともに，関東低地はもとより日本各地の沖積低地には，大量の粗粒物質が河川を通じて搬入し，上部砂層を形成した。川崎市日吉の同砂層中には直径50cm以上の大量の流木が含まれていたし，多摩ニュータウンNo.796遺跡でも同様の現象が見られたが[10]，これは洪水の頻発を示すものとして注目される。この砂層形成は，低地と台地の開析谷とを遮断するバリヤー形成ともなり，開析谷底を低地から独立した環境区にした。大宮台地東南部の川口市赤山陣屋跡遺跡ではその典型を見ることができる[11]。開析谷底には大規模なトチの実加工場とみられる遺構群などがところ狭しと構築されていた。武蔵野台地など台地縁辺の低地では上部砂層の形成と平行して，比較的規模の大きい浅谷形成が起こった。東京都北区の袋低地遺跡[12]，中里遺跡[13]，中野区の北江古田遺跡[14]ではいずれも顕著な浅谷形成をみた。浅谷は縄文中期五領ヶ台から勝坂式土器の時期にかけて形成され，その後縄文後期堀之内式土器の時期まで乾陸地の環境が継続した。北江古田遺跡では，浅谷斜面を中心におびただしい堀之内式土器群がへばりつき，土壙が散在していた。

この画期における浅谷形成は，富士山東麓での富士完新世テフラ累層の第Ⅰ層と湯舟第1スコリアを下部にもつ第Ⅱ層を境する，切れ込みの深い谷型斜交面の形成[5]と対応するであろう。これは同累層中の斜交面のうちでもっとも顕著なもので，山間部から平野にかけて広範に見られるものである。その年代は3,000年前頃と見積られているが，縄文中期に遡るものと思われる。

図1 東京都北区袋低地遺跡
中部の木本質泥炭は縄文中期の浅谷を埋積する。その上面は古代以降の黒色泥炭によって切り込まれる。

図2 川口市赤山陣屋跡遺跡
中部は木本質泥炭。その下面に第3の画期，上面に第4の画期が介在する。

36

第3の画期において形成された浅谷は，縄文後・晩期にほぼ完全に埋積された（図1・2）。この埋積に関わった堆積物の大半は，木材など樹木起源の遺体が密集する木本質泥炭であった。台地の開析谷も同様の堆積物によって埋積された。泥炭とはいっても，池沼のような水域で堆積したのではなく，大半が低地や谷底周辺の森林に起源する遺体群が腐敗しない程度のじめじめした環境で形成されたものである。低地や谷底には，トチノキやケヤキなどの落葉広葉樹のほか，ハンノキとヤチダモからなる湿地林が成立し，人手が加わらない場所は陰湿な環境であった（図3）。しばしば見られる埋没林はこのことを如実に示している。先に述べた川口市赤山陣屋跡遺跡のトチの実加工場らしい施設はこうした環境の中の比較的乾いた場所を利用したものであった。この埋積期間を通じて，関東のほぼ全域にわたり，台地やその縁辺を中心にスギとカシ類が急速に分布拡大した[15]（図3）。照葉樹林の本格的な拡大が始まったのである。こうした植生の変化と浅谷や開析谷の埋積は，気候の緩和ひいては海面の小上昇と，降水量の増加という湿潤化が重なりあったために起こったであろう。もちろん，スギの拡大は地域によってはそれ以前に始まっていたが，上部砂層の形成などを考えれば当然のことといえる。

浅谷形成と埋積の時期は，海岸砂丘地帯での旧期クロスナ層の形成期とほぼ一致する。砂丘地帯では縄文中期から後・晩期にかけて砂丘が固定し，植被があった時期にあたるのである。たとえば津軽西海岸の砂丘地帯では，当時の海岸線はかなり沖合にあり，ブナなどの広葉樹からなる森林が広範に成立していた痕跡が明瞭に残されている。また，関東低地の場合と同様に，旧期クロスナ層には縄文後期を中心とする遺跡が数多く見出されるのである。

第4の画期は，縄文晩期中頃から弥生時代にかけての2番目の浅谷形成によって象徴される。縄文後・晩期に埋積された低地や谷底は再び下刻の目にあった。この浅谷形成こそ「弥生の小海退」と呼ばれる海面の小変動によってもたらされたものである。東京都北江古田遺跡では縄文中期の埋積浅谷を下刻する浅谷形成が典型的に見られた[14]。そこでは，浅谷の幅や深さはいずれも縄文のものに比べ規模は小さい。沈降域にある大宮台地から館林台地でさえ，谷底全体を緩やかに切り込む下刻の痕跡が認められる。このように，この画期を通じて，低地や谷底は広範に乾陸上の環境になったのである。沈降の著しい館林台地縁辺では，現在の低地の地下5m前後にまで旧地表が追跡される[16]。いいかえれば，当時の乾陸域は地下深くに埋没しているのであり，先の縄文中期の埋積浅谷はさらに下位に埋没していることになるの

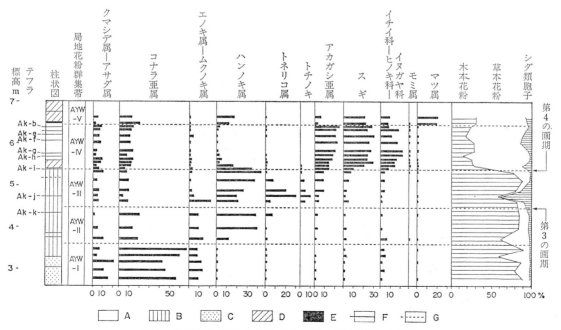

図3　川口市赤山陣屋跡遺跡西堀の花粉群集変遷（註15）を改変）
A：草本質泥炭　B：木本質泥炭　C：砂　D：風化土壌　E：黒泥　F：テフラ　G：砂レンズ

である。

　この第4の画期は，植生の大きな変換点ともなった。縄文中期の浅谷形成からその埋積を通じて増加したスギやカシ類を主とする照葉樹林はこの画期後も衰退することがないが，低地や谷底の森林の大半は消滅した（図3）。そして，ヨシその他の湿生・水生植物の繁茂する沼沢地の環境に急変したのである。第3の画期後にスギの増加が明瞭でなかった地域でも，この画期後には拡大を開始した。浅谷や軽微な下刻を受けた低地や谷底には粘性の高い黒色土がまず堆積し，つづく古墳時代から古代前半に草本質泥炭や泥質の堆積物が埋積した（図1・2）。地盤変動が少ない地域では，古代前半で埋積はほぼ完了した。これは，古墳時代から古代にかけての海面上昇（平安の小海進と呼ぶことがある）と関係するとみられる。この様子は，東京都練馬区尾崎遺跡や川口市赤山陣屋跡遺跡で典型的に見られた。大河川周辺の低地一帯は，上部泥層とも呼ばれる大量の泥質堆積物が供給されるようになった。

4　縄文と弥生

　縄文時代以降の環境変動史を振り返ってみると，第3の画期，すなわち縄文中期の浅谷形成とその前後の環境変動は意義が大きい。それまでの画期が温暖化への大きなうねりの中の節目であったのに対し，第3，4の画期は，冷涼化への大きなうねりの中の小変動を画すものであった。下末吉期以降の段丘面に刻まれた大小の谷は，七号地海進と縄文海進によって埋積され，最大厚さ80m前後に及ぶ埋積物を形成した。第3の画期以降の埋積物はそれに比べわずかで，その多くが洪水性の粗粒砕屑物による。しかし一方では，陸上の生物群の生息を許し，人間の活動圏の拡大を意味する乾陸地面積の極度な拡大をもたらした。第3の画期を機に拡大した照葉樹林やそれと大なり小なり関係したスギの拡大によってできた多様な植生は，基本的には今日まで受け継がれている。その意味で，弥生は第3の画期以降の延長線上にあるともいえる。

　しかし，第4の画期以降の環境変化は人間にとっては見逃すことができない重要なものであった。それは，稲作に好適な土壌と空間をもたらしたからである。スギ増加が第4の画期以降ほぼ一般的な現象となったことは，降水量増加が普遍的

なものとなったことを意味し，古代までの気候の温和化がさらにそれを促進したであろう。

　註
1) 井関弘太郎『沖積平野』東京大学出版会，1983
2) 遠藤邦彦・関本勝久・高野　司・鈴木正章「関東平野の《沖積層》」アーバンクボタ，21，1983
3) 辻　誠一郎「最終間氷期以降の植生史と変化様式―将来予測に向けて―」『百年・千年・万年後の日本の自然と人類』古今書院，1987
4) 遠藤邦彦・関本勝久・辻　誠一郎「大磯丘陵西南部，中村川下流域の完新世の層序と古環境」日本大学文理学部自然科学研究所研究紀要，14，1979
5) 上杉　陽・米沢　宏・千葉達朗・宮地直道・森　慎一「テフラからみた関東平野」アーバンクボタ，21，1983
6) 遠藤邦彦「白山火山地域の火山灰と泥炭層の形成過程」『白山高山帯自然史調査報告書』石川県白山自然保護センター，1985
7) 福井県教育委員会・若狭歴史民俗資料館『鳥浜貝塚―1980〜1985 年度調査のまとめ』1987
8) 辻　誠一郎「白山山岳地帯の植生と環境の変遷史」『白山高山帯自然史調査報告書』石川県白山自然保護センター，1985
9) 太田陽子・松島義章・森脇　広「日本における完新世海面変化に関する研究の現状と問題」第四紀研究，21，1982
10) 辻　誠一郎・南木睦彦・鈴木三男・能城修一・千野裕道「多摩ニュータウン No.796 遺跡：縄文時代泥炭層の層序と植物遺体群集」『多摩ニュータウン遺跡昭和59年度（第3分冊）』東京都埋蔵文化財センター，1986
11) 遠藤邦彦・宮地直道・鈴木　茂・鈴木正章・吉川純子・千葉達朗・隅田まり・菱田　量・印牧もとこ「川口市赤山陣屋跡遺跡の地質・層序」『赤山・古環境編』川口市遺跡調査会，1987
12) 東北新幹線赤羽地区遺跡調査会『赤羽台・袋低地・舟渡』1986
13) 堀口万吉・清水康守・小林健助・駒井　潔「中里遺跡の地質層序と層相」『中里遺跡1―遺跡と古環境1―』東北新幹線中里遺跡調査会，1987
14) 辻　誠一郎・宮地直道・遠藤邦彦「北江古田遺跡の地質・層序」『北江古田遺跡発掘調査報告書』中野区・北江古田遺跡調査会，1987
15) 辻　誠一郎・橋屋光孝・鈴木　茂「川口市赤山陣屋跡遺跡の花粉化石群集」『赤山・古環境編』川口市遺跡調査会，1987
16) 辻　誠一郎・南木睦彦・小杉正人『館林の池沼群と環境の変遷史』館林市教育委員会，1986

縄文と弥生

生 業 Ⅰ（狩猟・採集）

長野県松本筑摩高校教諭
桐 原　健
（きりはら・たけし）

弥生時代になると専業狩人が誕生するが，長い伝統は消えること
なく，生業に占める狩猟の比重はなおも大きかったと考えられる

1　縄文と弥生

縄文と弥生。考古学が設けたこの時期区分の間隙は，今まで，日本文化中にある縄文伝統の究明を阻害し続けてきた。

日本列島における農耕の開始が外力によっているだけに，採集と農耕との差異は絶対的なものでなければならぬとする事由なのだが，両時代・両文化間に画然とした民族の交代が認められていない以上，間隙は虚構なものとして退けなければならない。

有鉤短剣を取り扱った春成秀爾は，角製・木製鳥形短剣を縄文中期から弥生前・中期まで，角製Y形把頭は弥生後期と，従来ならば性格が異なるとして俊巡をみせる二つの時代にまたがっての編年づけを 行なっている。盲点を 指摘された 思いで，今後，自信をもって後世の文化相中から縄文要素を摘出する作業を実施すべきであろう。

当時の人々にとって，自分は弥生人だが前代は縄文人だったなどという意識はない。北部九州に水稲が齎され，東北の果てまで広がる間は 300〜400 年。15 代から 20 代にわたる人々が費やした時間の上に採集と農耕を区別する一線が引かれている訳で，この変化は彼らにとっては変革的ではなく，発展的である。

いささか前言が冗漫になってしまったが，かかる感慨をもって与えられた命題を考えてみたい。考究の舞台には中央高地を取り挙げた。縄文中期文化の繁栄したところ，弥生前期一ぱいをかけて水稲農耕が這い上ってきた地域である。

2　縄文の堅果採集

縄文人の主生業は，毎日の食物採集だが，とくにも彼らがフル活動で狂奔するのは，秋口から雪の訪れるまでの間の堅果採集である。堅果中にはクリやクルミも見られるが，大半はミズナラやコナラの，いわゆるドングリで，毎年定まった時期に大量の採集が約束されているため，計画的な生活が営める。

縄文前期から中期にかけてはヒプシサーマルの高温期で，年平均気温は現在より 1〜2℃ 高く，中央高地の山麓一帯にはナラを主体とする雑木林が繁茂していた。それを反映して中期初頭から中葉にかけての文化は，深鉢をして多岐にわたる用途的分化を生じさせたばかりか，精神的用途を示す土製品・石製品をも生み出している。それが中期後半に入ると気候の冷涼化が原因で中期文化は一転して凋落化を辿ることとなる。集落の拡散と規模縮小，遺物の上では土器の激減が特徴で，竪穴住居成員にとって必要最低限の飾られぬ深鉢が1，2 点程度となってしまって，中央高地に展開した縄文中期文化の推移は雑木林の消長と見事に直結している。

堅果の具体的な処理方法だが，雑木林から採集されてきたコナラ・ミズナラなどのドングリは，多量であるだけに地上の施設を考えるよりも土坑中に収納されたと見るべきである。皮をとり水漂しをした後に住居内に持ち込まれて加熱処理を受ける。炉にかけられた深鉢の中から茶色に濁った湯が汲み取られ新しい水が注がれる。混濁した湯が澄んできた頃，ドングリの入ったトージカゴが土器内から引き上げられる。この毎日の繰り返し作業が安定した生活を築き，その上に爛熟した縄文中期文化が形成された訳である。

ドングリの収納土坑の検出例は岡山県前池遺跡以来，増加をみせてきている。西日本では集落より低い水辺に検出されているが，東日本にあっては台地上の発見で，これは発掘が集落立地の台地上に集中していて，水漂しの沢筋に及んでいないことにも起因しているらしい。中央高地では現在までのところ未発見である。小判形パンもその成分がドングリであることを示していない。長野県諏訪郡曽利遺跡の調査時，鶴首して待っていた調査員のもとに届けられた分析結果は炭酸カルシウムがほとんどで原料の同定はできなかった。その後に発見された伊那谷伴野原の円形パンについて

も分析結果は未だしである。また，炉内の深鉢にはチョコレート色の濃い液が染み込み，口縁近くには悪汁がこびり付いているはずなのだが，土器胎土よりタンニン分の検出があったとは聴いていない。この点，縄文人を植物採集民とする考察は傍証資料のみによらざるを得ない状態なので，かかる観点に立っての今後の調査が期待される。

縄文中期末に，土器は装飾を失い，煮沸機能のみを露わにした深鉢に戻ってしまったが，後期に入るや精製・粗製の区分は明瞭となり，皿形・埦形の晩期精製土器は再び用途に応じての千差万別の形態をとっている。

後・晩期，とくにもいわゆる亀ヶ岡文化の基盤には，秋に河を溯上してくる鮭の存在が高く評価されているが，日本海に注ぐ千曲川の場合，裏付け資料は少なく，ドングリ主食を補うハレ的な蛋白食料程度に考えている。結局はドングリ唯一で，千曲川が信濃川と名を変えると発達した段丘が現われてくるが，そこは火焔形土器の盛行地域で信濃では未発見だが，越後以北に顕著な複式炉が新潟県津南町で発見されている。複式炉の機能の一つに木灰の貯蔵が挙げられているが，ドングリのタンニン除去に木灰の効用の大きいことを思えば頷かれるところである。

3 弥生の採集

弥生時代に入ってもドングリ採集は続けられており，西日本に好例がある。遅れて稲作が及んできた中央高地にあっては，ドングリ採集はとくにも生業の主体を占めていたものと考えたいが，目下のところ弥生のドングリ貯蔵を示す遺構は北信濃で1例のみしか知られていない。飯山市照丘遺跡の土坑で，径1mばかりの円形をとって，深さ1mに矢板が打ち込まれた穴の中からドングリが大部分で少量のクリが混ざった炭化物が発見された。穴の上面には樹枝が覆せてあった。遺跡は中期後半の栗林式期に属している。

このドングリを食するには，やはり水漂しをした上で加熱処理をしなければならない。栗林式土器のセットは貯蔵・煮沸・供献と土器の機能の全部が揃ってはいるが，点数の多い順に挙げていけば甕が第一位，壺が第二位で，鉢・甑・高坏は一括して三番目にランクされる。容量では甕が一番で，口径は大きく開いて鉢といった方がふさわしい。強飯を炊くには同上に甑（底部穿孔の鉢）を重ねる訳だが，大口径の甑はことにも僅少で，甕・

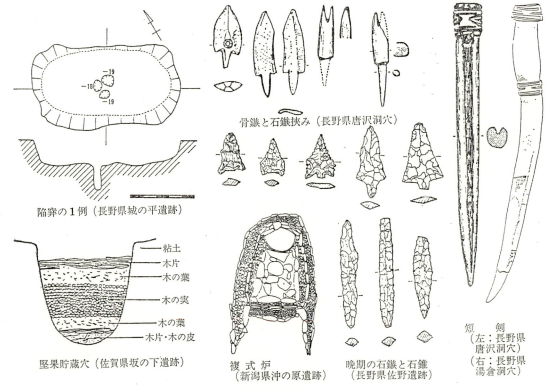

図1 縄文時代の生業関係遺構・遺物（縮尺不同）

甑のセット構成は一般的でない。甕は単独で煮沸の機能を果していたらしい。

4 縄文の狩猟

縄文時代の狩猟には，獣を追いつめて獲る積極的性格が著しい。狩人の仮泊地と目されている高原の岩陰遺跡での所見によれば，前期・後期の包含層は厚く，内在する遺物は豊富である。彼らはシカ・イノシシの習性を熟知しており，かもしか道に陥穽を設けて獣を追った。

陥穽の例としては八ケ岳山麓の蓼科・城之平遺跡が早くから知られている。海抜1,450mの高所で30×20mの範囲内に23箇の楕円形竪穴が穿たれていて，底には逆茂木を挿したと思われる小孔が2～3箇あいている。地表からの推定深さは2mに満たないので陥穽だけでは効力は薄く，穴に陥ち込んだところをすかさず襲う猟法が推察されている。

城之平では時期の決定ができなかったが，縄文前・中期遺跡として知られている霧ケ峯高原のジャコッ原で昨年15箇の陥穽が発見された。うち9箇は谷川に臨む南向き斜面に5～6m間隔で1列に並び，調査団長の宮坂光昭氏は「水を飲みにいく獣の道筋に仕掛けた様子がうかがえる」と述べている。穴の規模は城之平とほぼ同じ，深さは0.8mと浅い方である。なお，このうちの3箇内からは穴を覆い隠すための木の枝や葉が見つかっている。

狩猟具の代表的遺物は石鏃で，その消長は縄文狩猟の推移を物語る。中期に減少を見た後，後・晩期に再び増加しているが，形状は肉厚でラフな製法がとられている。需要増大の結果といってしまえばそれだけだが，石斧や石剣など儀仗化されていく石製武器の増加を勘案すれば，部族間・集落間の緊張といった狩猟以外の要因をも考慮しなければならない。それはさておき，主要な狩猟具である槍の僅少さはどう解釈すべきだろうか。陥穽に陥ち込んだシカ・イノシシなどの大型獣に止めを刺すのに槍は不可欠な狩猟具である。打製・磨製石槍の見えない代りに骨角製になる槍の数多くあったことを考えたい。事実，骨角器の保存のよい洞穴遺跡からは槍と呼んでよい骨箆が発見されている。

5 弥生の狩猟

縄文も中期以降は，雑木林や集落，ドングリ収

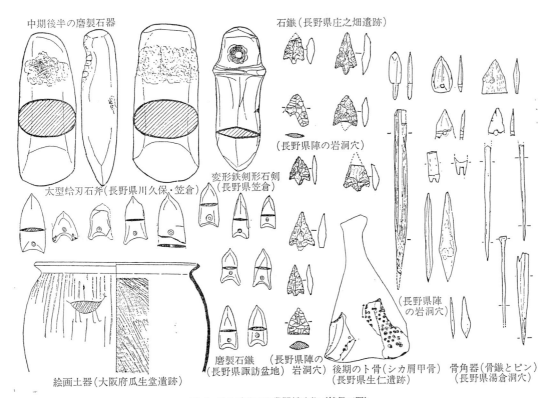

図 2 弥生時代の生業関係遺物（縮尺不同）

納坑を護るための受け身の狩猟が増加したやに思われるのだが，それを決める証拠はない。

それが弥生に下ると，田畑を護る狩猟を示す資料が現われてくる。銅鐸画面の解釈はさまざまだが，描かれている鳥や獣を害鳥・害獣と見た時，同一鐸に見るシカ・イノシシの狩猟場面。同じ意味で，大阪府瓜生堂遺跡の土器に箆描きされている背に矢の刺さったシカがそれである。

弥生狩猟の特徴の第二は，狩りを専業とする山の民の出現していることである。資料には人里を遠く離れた山中に発見されている洞穴遺跡，菅平高原の唐沢，陣の岩やそれに続く北信濃の石小屋，湯倉の洞穴が挙げられる。

洞穴内には縄文草創期からの遺物が堆積しているが，最上層からも結構豊富に遺物は出土している。土器は洞穴に最も近い善光寺平の中・後期土器だが，石小屋からは遠く，伊那谷の土器も検出されている。石器では石鏃が圧倒的に多く，その次に横刃型の打製石器が出土している。骨角器もかなりあり，その中には箆状の刺突具や牙鏃，石鏃挟み，また陣の岩や湯倉からは平地の遺跡でも珍しい青銅の釧が見つかっている。出土している獣骨はカモシカ・シカ・イノシシが多く，湯倉と唐沢ではクマも獲られていた。シカ・イノシシの骨片は大量であるにも拘らず，シカの角，イノシシの牙は検出を見ないので，これらの物は洞穴外へ持ち出されたと考えている。民俗学の成果を援用するならば，山の民が里の村へ祝福に下る際に持参する山苞とされたものに相違ない。里の村の一つである更埴市の生仁遺跡からはシカの肩甲骨を用いての占骨や，鹿角を切断してのY字形骨角器が出土している。里人が自ら山へ出向いて獲ってきたとも考えられるのだが，マジカルな用具であるだけにまれびと（客人）である山の民より贈与されたとする方が納得がいく。

里の村からの石鏃出土はほとんどないが，山中の洞穴からは弥生後期に下っても多量の石鏃が発見されていて主要な狩猟具であったことを示しているが，刺突具としての槍は縄文同様僅少である。畿内では早く唐古報告でサヌカイト製の石槍が紹介されている。入念な打調で鋭利な尖端と側刃を造り出し中央に鎬を持つ打製石器で，長さ15cmを超える大型品などは短剣として武器の範疇に入れてもよい。だが，中央高地で打製の石槍は見られていない。磨製の石器では鉄剣形石剣や

変形鉄剣形石剣がある。後者の石質は閃緑岩で実用的な武器とされているのだが，刃部は部厚く，穿孔のある茎部も厚く短いため，柄を付けるにも，掌で握るにせよ不便この上もない。となると，縄文で推測したように槍には骨角器が専ら用いられていたとすべきである。

それから洞穴内からは発見されなかったが，大型獣の撲殺に効果のある石器として閃緑岩製の重量ある太型蛤刃石斧を挙げたいがいかがなものだろう。本来は木材伐採の割斧なのだが，狩人の肩にもそれは担われてはいなかったか。扁平片刃石斧・柱状片刃石斧は平地の集落址からのみ出土しているが，太型蛤刃石斧には単独出土例がかなり多い。集落を離れた高地からも発見されている。

弥生時代狩猟の特徴として，受け身の狩猟であり，山中を駆けめぐっての狩猟は山の民と呼びたい専業狩人が担当していたと推察してきたが，冒頭にも述べたように，長い縄文の伝統は，それに続く僅々 5～600年間の弥生時代にあっては，水稲農耕の社会に変ったとは申せ，そう簡単に一掃できるものではない。

水田と集落の外側には雑木林が広がっていて，シカやイノシシが出没しただろうから，弥生前期のみならず後期に下っても生業に占める狩猟の比重は大きく考えるべきだろう。狩猟に従事する者はもちろん男で，体内に流れている縄文の血は彼らをして狩猟に強く駆りたてる。シカ・イノシシから水田を護るために弓矢をとるだけでなく，機会のあるかぎり山野を跋渉しての積極的狩猟を行なったものであろう。

中央高地の中期末集落では磨製石鏃が製造されている。両側縁が刃部となり，股部に近く一孔が穿たれた無茎偏平な形をとっている。諏訪地域での場合，弥生遺跡127ヵ所のうち製作が知られているのは岡谷市海戸遺跡のみ。遺跡は諏訪湖湖尻の釜口水門に近く，諏訪盆地の最低点（海抜773m）に当っている。

かつて藤森栄一氏は諏訪盆地における磨製石鏃の分布図を作製した。諏訪湖盆から離れた八ヶ岳山麓の北山浦，縄文の大遺跡の濃厚な茅野市の台地に色濃く点は打たれている。諏訪湖盆と八ヶ岳山麓は全く異なった世界で，弥生遺跡は湖盆にかたまり，八ヶ岳山麓は皆無に近い。湖盆の村の男たちは，かつての縄文世界の中で彼らだけの時間を過ごしていた。

縄文と弥生

生業 Ⅱ（漁撈）

日本考古学協会会員
馬目順一
（まのめ・じゅんいち）

弥生の漁撈は縄文に比べより尖鋭的な操業形態を示すものが主
体的に受けつがれ，季節的な分業・専業化が一段と進んでいく

縄紋と弥生の漁撈を比較する研究は極めて低調
である。その原因の一つは，弥生時代に属する漁
撈具の絶対的な不足があげられる。漁撈具のうち
でも，年代と地域性を探る好資料たるべき骨角製
品の出土となると，さらに限定され，資料操作の
上で，充分な展開ができずにある，というのが現
状である。大船渡湾を中心とした三陸南部や，石
巻・松島湾において，あれほど活況を呈した縄紋
晩期の骨角器文化は，弥生時代に移ると，杳とし
てその姿を消してしまう。この断絶現象は大き
い。三浦半島南端の海蝕洞窟にみられる弥生時代
中・後期の漁撈具はつとに著名であるが，同地域
における縄紋晩期の様相は，全く不解明といって
よい。つまり，縄紋の資料が卓越する地域は弥生
の資料に欠け，弥生の資料が認められる地域は縄
紋の資料に乏しいのである。

ところが，東北地方南端の磐城海岸では，縄紋
と弥生の漁撈具が近年増加しつつある。今回は，
この磐城海域の骨角製漁撈具の変遷を記述しよう
と思う。とりわけ，鹿角製閉窩式回転銛を視点の
中心に据えたい。

1 縄紋晩期の骨角製漁撈具

福島県いわき市小名浜寺脇貝塚Ｂ地区の曽谷〜
安行１式期の場合，外鉤１の釣針８点，「ノ」の
字形䥫２点，有茎索肩銛２点の組合わせを示し，
その組成を見るかぎり，大畑貝塚などの縄紋後期
前半のものとの相違はあまり認められない。しか
し，晩期になると，外鉤２を含む外鉤釣針（図１
—10・11），軸と針とが別造りの外鉤結合釣針（図
１—12〜15），先端にＶ字の抉りを入れ凹基鏃など
を塡入する刃溝鏃（図１—3），有茎索肩・孔銛（図
１—4・5），エイ類尾棘尖頭具（䥫）（図１—1・2），
閉窩式回転銛（図１—6〜9・16〜18）が出現する。
漁撈具の上で，一つの画期的発展が観取しうる。
縄紋後期のＢ地区に残存していた主要海棲脊椎動
物はマダイが70.9％と最高値を示し，寺脇貝塚
における後期縄紋人の選択嗜好が，沿岸魚として

のマダイにあったことがわかる。サメ類19.4％，
カツオ5.8％，マグロ3.9％の比率となり，季節
性の強い魚族への依存度が全体の約30％に近い。
釣針や「ノ」の字形䥫がマダイなどの沿岸魚獲得
に，有茎銛がサメ・マグロの外洋性大型魚に向け
られたと見るのが妥当であろう。晩期にいたり，
新たに登場する結合釣針や閉窩式回転銛はサメ・
マグロ漁，イルカ，そして北方系海獣猟に使われ
た可能性が高い。

磐城海域にあって，特色ある発展を示す猟具の
一つに閉窩式回転銛があげられる。寺脇貝塚，小
名浜真石貝塚，平薄磯貝塚からの出土は学界熟知
の事例に属しよう。形態的特徴から有脚形と有尾
形に二分しうる。

有脚型（図１—6〜9）は中柄を挿入する茎槽直下
に数本の短脚がつく。この形態は，他の日本先史
には類例がなく，磐城独特のものと評価されてい
る。頭部は尖状を呈し，刃溝は皆無。体部に鉤造
出を示す例が少々認められるも，その多くは素体
といってよい。索孔は背腹を貫くが，鉤同様その
例はいたって少ない。投擲者と銛頭を結ぶ索縄
は，索溝に固定されたと考えられる。こうした有
脚形の出現は有尾形よりも先行すると推断しう
る。後期末〜晩期初に比定される公算が強い。

一方の有尾形（図１—16〜18）は，茎槽背面が下
垂し，下端がわずかに分岐するところから，燕尾
の名で親しまれている。すべての頭部は背腹方向
にＶ字に抉られ，刃溝がつく。この点は有脚形と
決定的に相違する。体部に，獲物からの脱落を防
止する「鉤」の造出はない。索孔は背腹方向に，
刃溝直下に穿たれている。しかし，この索孔例も
決して多くはない。索縄を結ぶ装置は，やはり有
脚形同様，索溝が一般的なのである。

以上の回転銛を「寺脇型」とすれば，その「寺
脇型」と大船渡湾右岸奥（大洞貝塚の対岸）に位置
する岩手県大船渡市富澤貝塚出土の有尾形閉窩式
回転銛（大洞Ｃ式期）と比較し，その外形の特異性
を強調しておきたい。

富澤貝塚からは 23 点の出土が知られ，背・腹面に現われる鉤の有無を分類の基準にすれば，無鉤素体3点，腹鉤1が6点，腹鉤2が7点，腹鉤3が1点，腹鉤1＋背鉤1が1点，腹鉤2＋背鉤2が1点の構成をとる。富澤貝塚の回転銛は，このように鉤を造り出す例が圧倒的に多く，全体の84％にも達する。「寺脇型」では，前述の通り0％である。富澤貝塚のうち，頭部に刃溝を挾る例は0％となるが，有尾形「寺脇型」は，その大多数，あるいは100％が刃溝をつける。索孔は100％穿たれている富澤貝塚に対し，「寺脇型」は少ない。また，「寺脇型」の主流というべき索溝は富澤貝塚では0％である。

　精緻な調査として知られる宮城県宮戸島里浜貝塚西畑地点から出土した有尾形閉窩式回転銛は1985年の公表では 12 点が図示されている（大洞 C_2 式期）。無鉤素体7点，鉤1が1点，特大型4点（このうち刃溝付は2点）にも「寺脇型」特有の索溝は全く見られない。

　大船渡湾から石巻・松島湾に盛行した閉窩式回転銛は，それぞれの地域の環境により，似て非なる特色ある形態を生みだしているが，「寺脇型」の表徴ともいうべき，刃溝・鉤・索溝の組合わせを示す銛頭は見られないのである。そのうちでも

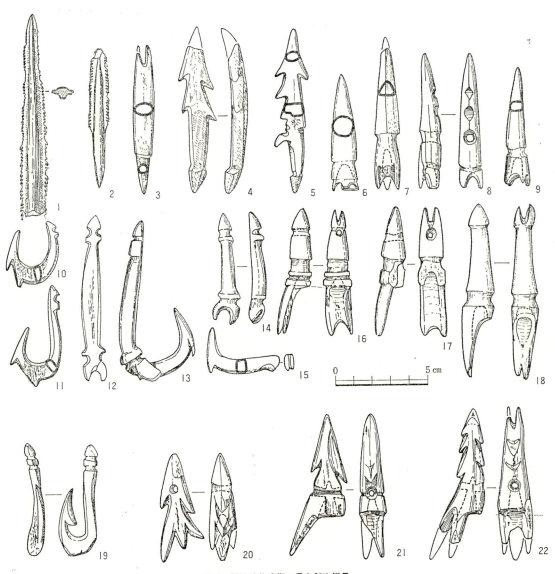

図 1　縄紋時代晩期の骨角製漁撈具
1〜18：福島県寺脇貝塚　19〜22：福島県薄磯貝塚

44

索溝の存否は「寺脇型」そのものの存在を際立たせているといってよい。

2 縄紋時代晚期末の骨角製漁撈具

前節で述べた漁撈具は，晩期を通じ大洞 C_2 式頃までのものであるが，本節では，それ以降の資料を扱い，磐城海域の漁撈具の変化を読みとることにしたい。

秋から春にかけての磐城海況は，岩手県の三陸海岸沿いに南下する北太平洋亜寒水の親潮が接岸分流し，冷却した季節風を受け，低温の親潮水域に覆れる。寒系動物が游来するのはこの時期である。夏に向かっては，千葉県銚子沖を北上する北太平洋の黒潮分脈の発達が著しく，水層も暖水塊に変わり，新たなる外海系の暖水魚族が泳来する。このように極前混合水域という好条件を備えた海洋特性で満たされる磐城海域は，当然，施漁上も著しい展開を見せることになる。「寺脇型」と称される多彩な漁撈具が誕生する契機の一つにもなっている。しかし，大洞 C_2 式前半期において，寺脇貝塚が消滅すると，磐城海域には，「寺脇型」とは異質の別形態をもつ漁撈具が出現する。

いわき市平薄磯貝塚の資料には釣針，閉窩式回

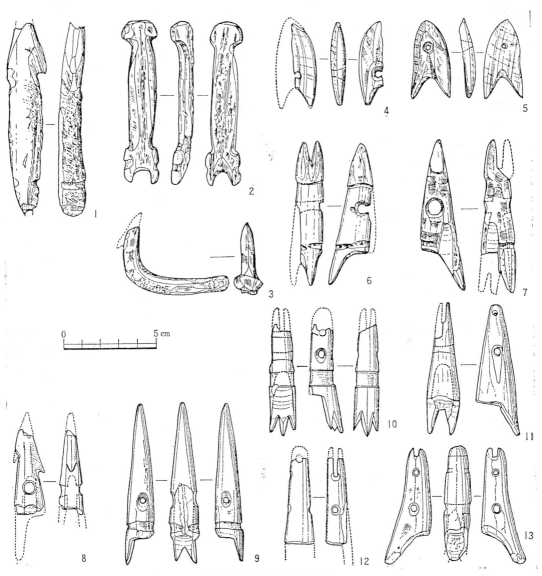

図2 弥生時代の骨角製漁撈具
1～7：福島県薄磯貝塚 8：岡山県郡貝塚 9～11：神奈川県間口洞窟 12：神奈川県毘沙門C洞窟 13：毘沙門B洞窟

45

転銛がある。釣針（図1—19）は，直軸の軸頭に2つの索溝をめぐらし，彎曲部が狭く，針部に鋭い内鉤を備えている。この軸頭のように軸状索溝は寺脇貝塚をはじめ，晩期には一般的でない。それは軸頭外側にのみ索溝を刻み，薄磯貝塚のように軸頭内側にまで及ぶものは稀あるいはない。軸部も多少の彎曲を示し，彎曲のふところも深い例が寺脇貝塚には多く，薄磯貝塚の釣針にみられる狭い例とは相違する。また，鉤の造出も，寺脇貝塚を含めた晩期の資料には内鉤は皆無であって，鉤はいずれも針先外側に認めうる。宮城県里浜貝塚西畑地区における鹿角製釣針のあり方からすれば，直軸，彎曲部の狭さ，内鉤などの諸要素は，石巻・松島湾地域からの影響と推考しうる余地がある。「寺脇型」の閉窩式回転銛に見られる孤立的閉鎖性と同じく，釣針にもそれが窺えるわけであるが，薄磯貝塚の釣針においてはじめて，北方からの残影を指摘しうるようにもなる。

閉窩式回転銛は4点。その各々は強い個性を発揮し，共通のカッコで包み込んでの説明は困難なので，単品ごとに解説しておく。図1—21は腹鉤1＋背鉤1，索孔外壁に索溝がめぐる。尾部は外方へ突出し，鋭い叉状を呈す。図1—22は頭部に刃溝が挟られ，腹鉤2＋外鉤3，三尾となり，中央の主尾はより外方へ向く。図1—20は頭部に腹鉤1＋背鉤1をもち，主尾はやや太く，その両側から支尾が下垂し，さらに腹側からも反り気味の支尾が伸びる。索孔は頭部近くに側面を貫通する。他は尖頭の周囲が若干縊れ，鉤はない。背には下垂する双尾がつく。

これら有尾形閉窩式回転銛の最大公約数的特徴は索孔を備えている点にある。索孔例の少ない『寺脇型』とは，まずこの点で区別しうる。図1—20〜22は腹と背とに鉤をもつ。しかし，「寺脇型」には鉤表出はない。この4点の有尾形は，3点に刃溝がない。「寺脇型」はすべてに刃溝を刻みつけている。尾形も消極的に叉状をなす「寺脇型」に比べより後方へ伸び，三尾をつくるものもある。このように，薄磯貝塚出土の回転銛は「寺脇型」とは峻別しうる全く新しいタイプなのである。石巻・松島湾方面以北の，いわば東北地方中部域の閉窩式回転銛に類似点が多い。図1—22と他は，「寺脇型」からは脱脚し，東北地方中部域からの直接的伝播を推したい衝動にかられるほど，彼地の銛によく似ている。しかし，そうはい

っても，図1—21の索孔をめぐる索溝，図1—20の腹尾の存在は，なお「寺脇型」の色合いをとどめている。

なお，こうした回転銛の対象となった獲物は，寒系の海獣類を筆頭に，暖系のサメ・ウミガメ類であったと私考する。

3 弥生時代中期の骨角製漁撈具

山内清男博士が，弥生文化を把握する方法として，「大陸系のもの」「縄紋式からの伝統を保つもの」，「弥生に於いて特有の発達を示すもの」の三要素分析が必須であると説いたのは1932年である。近年，佐原眞氏はこれを受け，縄紋文化からの伝統として受け継いだ要素の文物のなかに骨角牙製品を選定したが，「骨角牙製品」では広範囲にわたり，的確さに欠けるきらいがある。自から石器類を細かく分類したと同様，骨角牙製品も形態・用途に応じ，種々区分すべきであろう。これから述べるいわき市平薄磯貝塚出土の弥生時代中期に属する鹿角製有鉤尖頭具，鹿角製結合釣針，猪牙製有孔尖頭具，鹿角製閉窩式回転銛は，いずれも縄紋からの伝統に強く息づく遺物である。図2—1の太目の有鉤尖頭具は長軸両端が欠損しているので全体形状が決しきれない。長側左右に一対の鉤が造出され，基部の茎に索溝が窺える。有茎の単純銛になるか柄に数本を固定する簎となるかは判然としないが，あるいは『いわき市史』第8巻(1976)の図版第35—2に示されたような有鉤簎からの形態変化を追うべきものかも知れない。

図2—2・3は結合釣針である。2は軸部，3は針部に当る。太い荒造りの直軸，外面に鹿角特有の結節自然面を残す技法，それに結合部の形状は，いずれも「寺脇型」からの系譜を引く。先端がL字に屈曲する針部，その結合部抉り込み，外鉤1なども「寺脇型」の強い影響下にあることは多言を要さない。「寺脇型」の針部の結合頭端小口に見られる抉り込みは針に対し平行のものと直角位のものとがあるが，この弥生の例は前者に属する。ただ，結合釣針のうち，「寺脇型」の軸頭は尖状を呈し，その直下外側に索溝が2段つくが，弥生時代のこの例は頭頂は弧状を呈し，頭全体は両側が強く割り込まれT字形をなしている。この形態は縄紋には認められないので，あるいは新来の表現かも知れない。

図2—6・7は太く遉しい回転銛である。2点と

もほぼ同形同大に近い。先端はV字に挟られた刃溝が背腹方向にあり，その外壁には段状の縊れが窺える。体の中央側面には大き目の索孔が左右両側から穿たれる。鉤はない。茎槽外壁を細い索溝が一周する。基内面の茎槽としての盲孔もまた大きく，索孔よりも上部に及ぶ。尾部は叉状となるも欠損が多く二尾，三尾のいずれとも決し難い。外表は一応研磨されているが，浅い加工痕が各所に残り，縄紋時代の閉窩式回転銛に似る。図2―4・5の牙鏃はこの閉窩式回転銛の刃溝に装着された可能性も否定しえない。牙鏃の刃溝挿入は縄紋時代に類例があり，短い尾部もまた縄紋時代からの伝統と考えてよい。縄紋時代と比較して，決定的差異は体部に穿たれた単孔の位置である。弥生時代は左右両側方向に，縄紋時代は背腹方向にあけられる。

　この2点の回転銛に「寺脇型」の余影を追えば，茎槽外壁に刻まれた1条の溝を指摘しえるだろう。これに酷似した回転銛を2点図示しておく。図1―8は有脚形，図1―16は有尾形である。この2点は，いずれも茎槽外壁の一部が欠損している。強い皮質を割裂して獲物の体内に入った銛頭が，獲物の激動に対し，銛頭の茎槽に装塡されている中柄が自動的に離脱しないため，銛頭の回転力により中柄が茎槽を破壊した結果である。強い鹿角製の閉窩式回転銛でさえ，この中柄による茎槽破壊が，つねに付き纏っていた。これを解決するには，金属器の出現を待たねばならぬが，この茎槽外壁の補強と修理は原材料が，有機質の木や鹿角に関する限り必須であったのである。茎槽外壁を一周する溝はこの箇所に索紐を強く縛結し，茎槽部を保護する役目を担ったのではないかと推理しうる。ただ，この場合，茎槽部が破壊（亀裂を含めて）したことによる修繕のためか，あるいはその予防のためかは決し切れない。ここでは，弥生時代に帰属する薄磯貝塚の回転銛につく茎槽を一巻する溝は「装飾」以上の機能を備えていたことを知っていただければ充分である。

　薄磯貝塚を除く弥生時代の鹿角製閉窩式回転銛は，文献に公表された確実な資料によれば，以下の遺跡から出土している。
　①岡山県岡山市郡貝塚（図2―8）
　②神奈川県三浦市大浦山洞窟
　③神奈川県三浦市間口洞窟（図2―9〜11）
　④神奈川県三浦市毘沙門B洞窟（図2―13）

　⑤神奈川県三浦市毘沙門C洞窟（図2―12）
　⑥宮城県七ヶ浜町東宮浜鳳寿寺貝塚

　これらの回転銛は，索孔はすべて左右両側からやや大き目に穿たれ，縄紋時代の背腹方向をとるものは皆無。刃溝は，縄紋時代以来の背腹方向に挟られた間口洞窟，それと90度方向を違えて両側方向につく毘沙門B洞窟，毘沙門C洞窟がある。尖頭素体の大浦山洞窟と鳳寿寺貝塚とは相似するが，同形の間口洞窟には茎槽外壁に索溝が回り，薄磯貝塚に一致する。索溝は間口洞窟の刃溝付のものにも認められるが，その幅は広く，索孔直下に位置する。鉤造出は，郡貝塚が唯一の例である。薄磯貝塚のように刃溝外壁を肉厚化し縊れをつくるものはこれらの諸例にはない。それは刃溝付近に穿たれている単孔に因果する。

　弥生時代は稲作農業を主体とする食料生産の経済社会である。縄紋社会が産んだ「貝塚」のように，食料負担を海浜に大きく依存していた時代とは著しく異なり，計画的水稲耕作へ人々の志向が走ると，海や浜での恒常的生活のバランスは必然的に崩壊する。そのため，弥生時代の漁撈は，縄紋時代においてより尖鋭的な操業形態を示すものが主体的に受け継がれることになる。薄磯貝塚の閉窩式回転銛や結合釣針の厳選された漁撈具は，季節的な分業・専業化が一段と進渉しつつあることをよく教えてくれるのである。

主要参考文献
1)『寺脇貝塚』磐城市教育委員会，1966
2)『小名浜』いわき市教育委員会磐城出張所，1968
3)『いわき市史』8，いわき市，1976
4)『薄磯貝塚』福島県立磐城高等学校史学部後援会，1980
5)『里浜貝塚』Ⅳ，東北歴史資料館，1985
6)『いわき市史』1，いわき市，1986
7) 剣持輝久「三浦半島における弥生時代の漁撈について」物質文化，19，1972
8) 渡辺　誠『縄文時代の漁業』雄山閣出版，1973
9) 金子浩昌「銛頭の変遷」歴史公論，54，1980
10) 大竹憲治「東北地方南部出土の弥生時代骨角製品」古代文化，316，1985
11) 和田晴吾「漁猟具―釣針，モリ・ヤス」弥生文化の研究，5，1985
12) 馬目順一「閉窩式有鉤銛頭の地域的特性」古代，80，1985

郡貝塚の閉窩式回転銛図は稲門の大先輩である鎌木義昌先生の御好意と故佐藤達夫先生の観察による。記して感謝申し上げる。

縄文と弥生

土　器

明治大学講師
石川日出志
（いしかわ・ひでし）

食料変革のため，縄文土器から弥生土器へ浅鉢の急減・壺の急増
という組成変化が起きた。しかし，それも地域ごとに変異がある

1　土器の器種と組合わせ

　土器は日常生活に最も密着した容器である。各種食料を一時的，もしくは長期にわたって収容（保存・貯蔵）したり，内容物を加工・調理するための器として用いるのが普通である[1]。いずれも土器はその用途に応じて，煮沸用の深鉢・甕，貯蔵用の壺，盛り付け用の浅鉢・高杯など数種の器形（器種）に作り分けられている。さらに各々細部の器形や装飾原理に違いのある数種の区別があるが，これは例えば煮沸用とは言っても煮沸物や煮沸法・煮沸目的などの違いに応じた使い分けがあることによっている。用途に大別と細別が考えられるのである。土器は日常容器の組合わせとして存在するが，ごく大ざっぱに言えば，大別器種の組合わせの特徴はより大枠での生活様式や文化伝統を反映し，細別器種の組合わせはより個別的な文化伝統などを反映している[2]と考えられる。したがって，土器の器種組成（土器組成）を考える場合，扱う器種のレベルに応じて知りうる内容が異なることに注意する必要がある。本稿では縄文時代と弥生時代との違いを明確にすることから，おもに大別器種の組合わせを見ていくこととする。

　縄文土器の形のバラエティーに用途の別があることを見抜いたのはE.S.モースであった。現在の目で縄文土器を見ると，その器種組成は深鉢を基本として浅鉢がこれに組合わさっており，それゆえに晩期の亀ヶ岡式土器における壺が明瞭に存在することの意味は十分注意しておくべきと思われる。一方，弥生時代には壺と甕が基本組成をなし，高杯や鉢が時間を追って増加することが知られている。縄文時代と弥生時代の大別器種組成に見るこうした顕著な差異は，食料採集を主とする時代から食糧生産を主とする時代へという食料変革が容器の組合わせに直接影響を与えたものと理解されている。

　では，その食料変革とはどのように達成されたのであろうか。縄文時代晩期から弥生時代にかけて各地の土器の器種組成がどのように変化しているのかをみることによって，これを知る手掛りとしよう。以下，両時代の変化が明瞭な西日本をまず取り上げ，次いで変化の緩慢な東日本を取り上げることとする。

2　西日本の場合

　まず，縄文時代晩期から弥生時代，さらに古墳時代にまで器種組成のデータが提示されている近畿地方から見ていく（表1）。近畿地方では縄文晩期の器種組成を知る材料に，晩期の初めから終りまで連綿と豊富な資料が揃っている滋賀県大津市滋賀里遺跡がある[3]。滋賀里遺跡では晩期を通じて甕（図1-1・2）・深鉢（3）と浅鉢（4～6）の組合わせを基本とし，各時期ごとに変動はあるものの前二者が6～8割，後者が2～3割強という組成

比を示しており，これら以外の壺・高杯・注口付土器は三者合計でも1％に満たないという特徴を持っている。これは壺・高杯・注口付土器が東日本に比べて少ないとはいえ，基本的には縄文時代に一般的な組成と見ることができよう。

これが晩期最終末の長原式土器[4,5]になると変化を見せる。表1の中段に示したように，①それまで晩期土器の基本組成をなしてきた浅鉢が急激に減少するために，相対的に深鉢・甕の組成比率が高くなる。②船橋式からの延長であるが，壺（図1—10・11）が数％から10％近くを占めるまでになる。この2点の変化が生じた背景は長原式土器の存在意義そのものであるといえる。長原式土器は甕（7・8）や深鉢（9）に刻目突帯文を巡らすことを特徴としており，晩期に西日本一帯にひろく関連型式が広がっているが，刻目突帯文土器型式群でもその終末期に相当する。そして，型式設定の基準となった大阪市長原遺跡では，ごく少数ではあるが遠賀川式土器が長原式土器に共伴することが確認され，また土器棺群（本来は土坑墓と組合わさったのであろう）の墓域が検出されており，そこでは長原式土器の土器棺に混じって1例の遠賀川式土器の壺棺(13)が見られた。つまり，長原式土器の墓域に遠賀川式土器が取り込まれているのであって，両土器型式で示される集団がきわめて密接な関係を持っていたことを如実に示してくれる。長原式土器の組成は，長原式が刻目突帯文土器の系統に属す型式でありながらも，少なからず遠賀川式土器の影響を受けた型式であることを教えてくれるのである。そして長原式の大型壺のうち10は，頸部無文・胴部削りというように頸部と胴部の器面調整を違えて土器面を構成する点で前代以来の甕（1・2・7・8）の器面構成原理の伝統を踏襲しながらも，成形時の粘土紐の接合面は外傾しており，朝鮮半島無文土器に由来する成形技術を採用している点は注意する必要がある。

このように長原式土器は，遠賀川式土器もしくは遠賀川式土器成立の母体となったものの影響下に，従来からの縄文時代的な組成が急速に崩壊していった段階といえよう[6]。しかし，遠賀川式土器と比較すると壺の組成比が著しく低く，その間にはなお大きな隔たりがある。

近畿地方の遠賀川式土器の組成はどうであろうか。表1には大阪府四ツ池遺跡例[7]をあげてある。壺と甕が相半ばし，これに少量の鉢と高杯が組合わさっており，北部九州・四国・中国の西日本各地の遠賀川式土器に一般的な組成となっている。船橋期に始まり，長原期に顕著になる特徴に比べると飛躍的な変化といってよい。長原遺跡などの状況から判断すると，長原期にはすでに畿内の一部に遠賀川式土器主体の集落が出現していたことは少なからずありうることであり，とすればこの変化は一層急激だったことになる。ただし，高槻市牟礼遺跡で検出された水田址を基準とすれば，畿内では長原期に先立って稲作が開始されたことになり，土器の組成変化は稲作に一段階遅れて明確になったこととなる。

北部九州はどうであろうか。北部九州でこの時期の土器組成変化を検討した研究に山崎純男論文がある[8]。山崎は縄文後・晩期農耕論を論じるなかで，まず第一に九州の縄文時代後期前半から組成の中で浅鉢の著しく比率が増大し，後期末から晩期には40〜50％を占めるに至るとして，そこに生業面での重大な変革を見出そうとしている。しかし，土器組成を問題にするかぎりは，後期後半のこの変化は，九州での内在的変化というよりもむしろ本州方面との関わりを想定せねばならず，縄文後・晩期農耕論とこれを連動したものとみるにはなお多くの検討事項がある。

山崎が注目した第二の組成変化は，従来縄文時代とされながらも近年水田址が発見されて，縄文時代とすべきか弥生時代とすべきか考古学界で議論の別れている，山ノ寺式・夜臼式土器の段階の組成変化であって，壺の出現とその増大，およびそれに伴う浅鉢の減少である。表2は藤尾慎一郎らの集計[9]であるが，唐津平野・菜畑遺跡12〜9層の山ノ寺式は深鉢・甕と浅鉢がほぼ相半ばし，これに4％ほどの壺が組合わさり，続く8下層の夜臼式では浅鉢が26％に減じる一方，壺は約8％に増加する。ところが菜畑遺跡8下層とほぼ同時期に相当する福岡平野の諸岡遺跡F地点や板付遺跡では浅鉢が7〜8％と少なく，壺は26〜38％と著しく増加していることがわかる。つまり壺の増加と浅鉢の減少はともに共通した現象といいながらも，唐津平野と福岡平野の遺跡とでは同時期でも組成変化達成率が顕著な違いを見せているのである。これについて山崎は，「稲作受容形態は地理，地形的条件の良否によって唐津平野のごとく稲作農耕を受容しながらも，生活基盤の大部分を前段階の生業においた地域と，福岡平野

の板付遺跡にみるように稲作受容当初より生活基盤の中心として置換させた地域の二者が存在する」と，注目すべき見解を示した。ともにすでに水田経営を開始しているにもかかわらず土器組成に顕著な差異を生じているのは，縄文時代以来の伝統的生業が地域ごとに変化に富む残存現象を見せていることによると考えたわけである。

山崎の考えは，縄文時代と弥生時代との時代区分の問題を論じるときにきわめて重大な視点を提供してくれるものの，これを実際の資料で検証するにはなお不十分さを拭い切れないのでここではおくとしても，縄文時代から弥生時代への変革過程には土器組成からみて2段階，つまり壺の出現・増大と浅鉢の減少，およびその傾向の顕在化，のあることを確認しておきたい。そしてその2段階とは，さきにみた近畿地方の場合と共通したものであり，近畿地方で大型壺が明瞭になるのは船橋式からであることを考えると，時期的にも大きな隔たりがないことを知ることができる。時期的にも，内容的にも汎西日本的な現象とみることができよう。

それでは西日本で，遠賀川式土器，もしくはその直前に達成された，壺と甕（プラス鉢・高杯）という組成は日本列島内で独自に成立したのであろうか。生活様式の変化に基づくと思われるような大別器種の組替えが，西日本で短期間に達成されたことをみると，そこに外的なインパクトを考えるのが最も自然であろう。縄文時代の土器の基本組成が深鉢・甕と浅鉢という組合わせであるのにたいして，朝鮮半島の櫛目文土器は深鉢・鉢・壺という組合わせであるという点が注目される。壺は櫛目文土器には少ないながらも確実に組成をなし，無文土器時代になって組成比率を増して深鉢と組合わせとなっている。その間の組成変化は著しいものの，縄文時代から弥生時代への変化よりもスムーズである。最近，壺出現段階に相当する刻目突帯文土器の資料が蓄積されつつあるが，その段階の壺や深鉢の一部に朝鮮無文土器に共通する粘土紐接合面外傾の技法が採用されていること[10,11]も，朝鮮無文土器の関与をよく説明してくれる。ここで注意しておかなければならないのは，こうした組成の広がりである。弥生時代は日本列島において稲作を主とする食糧生産が始まった時代であるが，大陸における調査や研究の進展によって，日本列島の稲作の源流は朝鮮半島南部から中国の山東半島〜長江下流域に至る地域と判明しているが，このうち大陸部の地域ではこうした器種組成はみられない。むしろこの種の器種組成は水稲とは関わりのない朝鮮半島から中国東北部方面に関連を求められるように思われる。この

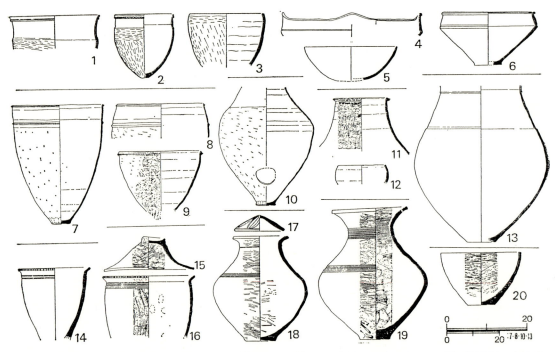

図1 近畿の縄文・弥生移行期の器種組成比較（上段：滋賀里IV式〈滋賀里〉，中段：長原式〈長原〉，下段：遠賀川式〈山賀〉）

ことは，縄文時代から弥生時代への土器の組成変化が，食糧内容の変化によるというよりもむしろ食糧の調理法などの変化に起因している可能性を考えさせる。

3 東日本の場合

以上で，西日本の縄文時代晩期突帯文土器から弥生時代の遠賀川式土器に移り変わる地域の土器組成変化の概略を述べたが，東日本ではどうであろうか。突帯文土器・遠賀川式土器が各々主体をなして分布するのは伊勢湾沿岸地方までであり，それ以東では西日本とは全く別個の，縄文時代から弥生時代への変化を見せている。縄文時代晩期後半には，東北地方には亀ヶ岡式土器，中部から東北南部までの地域では亀ヶ岡式土器系統の浅鉢と突帯文土器の影響を受けた甕などが組合わさる浮線文土器型式群が展開している。東日本では縄文土器の伝統が弥生時代の土器のなかに根強く残っていくが，器種組成の面でも同様で，しかも地域ごとの変化が大きい。

このうち伊勢湾沿岸地方に近い中部高地からみていく。晩期中頃までの資料は少ないが，終末期のものは最近好例が発見されてきている。表3に は松本市石行(いしごう)遺跡の氷式土器をあげた[12]。浮線文土器型式群でも後半に属すから近畿地方ではほぼ弥生第Ⅰ様式中段階並行の年代が考えられる。氷式土器の基本器種は，浮線文が施された浅鉢（図2—1～3）と胴部がおもに条痕施文された甕（4・5）・深鉢（6）で，各々12%・60%・21%ある。ここで重要なのは，7・8のように大型の広口気味の壺が出現していることで，7%余りを占めている。壺の存在は長原式などと共通する現象であるが，浅鉢のやや多い点が顕著な違いである。壺の器面構成が同時期の甕と共通点をもつことも長原式と類似の現象であろう。

氷式土器に続く時期の土器群は現在なお型式内容が十分に明確ではないが，組成のおおよそは知ることができる。図は松本市針塚遺跡の実例である[13]が，甕（12）と壺（14・15）の組合わせで，壺は広口傾向が存続している。氷式土器まであった浅鉢が見当たらないのは，この遺跡が再葬墓であることにもよるが，同時期の他遺跡でも組成比はきわめて低いので，壺と甕という弥生時代的な組成がこの段階にしてようやく成立したことがわかる。氷式土器に伴う三河・美濃系統の条痕文土器は樫王(かしおう)式（10・11），針塚段階に伴うのは水神平(すいじんびら)式

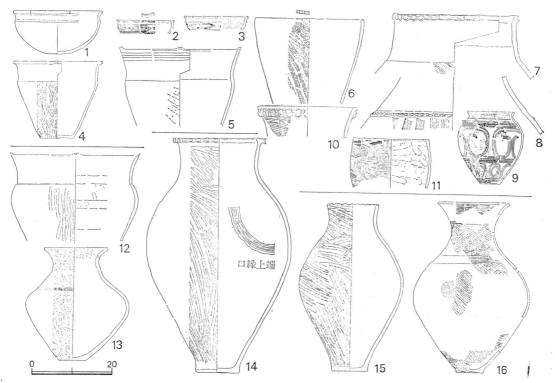

図2 中部高地の縄文・弥生移行期の器種組成比較（上段：氷Ⅰ式＜石行＞，下段：弥生前期＜針塚＞）

土器(16)で，これも突帯文土器が型式変化して成立した型式で，ともにすでに壺と甕・深鉢という組成となっている。

伊勢湾沿岸では，近畿地方の長原式土器と年代的に接点をもつ馬見塚式土器が長原式と同様浅鉢が減少して壺が増加しており，遠賀川式土器が進出した樫王式段階に至って壺と深鉢・甕という組成となっているから，西日本の組成変化にそれほど遅れることがない。しかし，中部高地では遠賀川式土器中段階並行の氷式土器には壺が定着しつつもまだ組成比率が低く，浅鉢がまだ多く残っており，弥生的組成になるのは遠賀川式土器の新段階並行期に至ってようやくであった。

関東地方北部の場合は，遠賀川式土器の新段階並行期に壺・甕という弥生的組成が成立しているが，中部地方と異なる点は浅鉢がこの段階に至っても明瞭に残存していることであり，中期になってようやく浅鉢が稀薄となる[14]。そして東北南部に至っては，壺は縄文時代にすでに存在し，浅鉢は中期を通して存続することとなる。

須藤隆は，土器組成論の有効性を実証した際に東北地方中部を取り上げ，縄文時代晩期から弥生時代にかけて土器組成が変化することを示し，当地における初期稲作農耕社会の成立がその変化を引き起こしたものと考えた[15]。しかし，そこで須藤が見出した変化とは，大洞 A′ 式土器以後において高杯が急増したために生じた組成変化であって，そうして成立した組成とはそれまで知られていた西日本の弥生的組成とは著しく様子をことにしていたものであった。これをもって弥生時代とするのは早尚であって，そのためには，西日本との中間地域にあたる中部・関東の資料を用いて，①西日本の組成変化と連動していることを立証すること，②組成変化の内容が東に行くにしたがって徐々に変形していることを確認すること，の2点が必要であった。そしてこれまで触れられることがなかったが，おおよその見通しが立つようになった。

つまり，第1点は，最近の中部・関東・東北南部のとくに浮線文土器群の編年研究が進展してきて，石行遺跡段階の氷式土器が東北地方では大洞 A′ 式土器に並行する可能性が高くなったことにより，西日本の組成変化と東北のそれとは連動したものと考えられるようになった。そして第2点は，西日本・中部・北関東・東北南部と組成変

化を追跡すると，さきに述べたように西から東に行くにしたがって順次組成の変化が緩慢になることが見えてきた。この2点によって須藤氏の解釈はおおむね正当なものであったと評価することができよう。

しかし，東に行くにしたがって浅鉢がより遅くまで残存するなどの現象をどのように理解すれば良いのであろうか。東北中部での縄文時代から弥生時代への組成変化が緩やかであることは，見方を変えればその移行はスムーズであったとも言い得るのである。その実態を明らかにするには，まず東北の晩期の生業の内容をこそ解明する必要がありそうである。同様のことは西日本にも言えるのであって，土器の器種組成を明らかにすると同時に，当時の生業の実際を明らかにしなければならない。そうでないかぎり組成論は実りの少ないものとなろう。

註

1) 内容物が食料ではあっても，食器としてよりもむしろ祭器としての性格が強かったり，さらに食料以外のものを収容する場合もある。

2) 器種の大別・細別を問わず，その組合わせはそれらを用いた諸行為の結果であり，それらを出土した場の性格を知る手掛りとなることは言うまでもない。

3) 田辺昭三『湖西線関係遺跡調査報告書』1973

4) 家根祥多ほか『長原遺跡発掘調査報告書Ⅱ』1982

5) 松尾信裕ほか『長原遺跡発掘調査報告書Ⅲ』1983

6) 長原期における稲作は十分に考えられることである。

7) 都出比呂志「畿内第五様式における土器の変革」考古学論考，1982

8) 山崎純男「西日本後・晩期の農耕」縄文文化の研究，2，1983

9) 横山浩一・藤尾慎一郎「宇木汲田遺跡 1984 年度調査出土の土器について一刻目突帯文土器を中心に」九州文化史研究所紀要，31，1986

10) 山崎純男「弥生文化成立期における土器の編年的研究」古文化論攷，1980

11) 家根祥多「縄文土器から 弥生土器へ」『縄文から弥生へ』1984

12) 神沢昌二郎ほか『松本市赤木山遺跡群Ⅱ』1987

13) 註 12) に同じ

14) 石川日出志「関東地方初期弥生式土器の一系譜」論集日本原史，1985

15) 須藤 隆「土器組成論」考古学研究，76，1973
上掲文献のほかに，図1作成のため次の文献を用いた。

中西靖人ほか『山賀（その3）』1984

縄文と弥生

石　　　器

福岡市教育委員会
■ 山 口 讓 治
（やまぐち・じょうじ）

縄文時代は狩猟・採集に必要な石器が多く出土し，弥生時代は農
具にも石器がもちいられ，金属器の影響をうけた石器も出現する

石器は，ヒトが使用方法を考え製作した道具である。また，人類発生期から種々の材質の道具が製作・使用されているが，そのなかでもっとも残りが良く，保存されている遺物であるといえよう。石器は，現在まであるが，おもに製作・使用されたのは，弥生時代に鉄器が製作・使用されるまでの間である。

縄文時代はあくまで狩猟・漁撈・採集に頼った生活をしており，石器もこうした生活を行なうために必要なものが，製作・使用されている。北部九州では，突帯文土器期に水稲耕作が開始され，弥生時代に入ると，水稲耕作が全国に広まり定着する。これに伴い，農具にも石器が用いられる。また，金属器伝来に伴い，金属器の影響を受けた石器も出現する。

本稿では，まず，縄文時代と弥生時代の石器を概観し，縄文時代・弥生時代の製作・使用石器について，比較しながら述べていくことにする。

1　縄文時代の石器

本時代の石器は，先土器時代に引き続き石器がおもに使用された時代であり，種々の石器がある。現在まで本時代の石器については，石器の形，製作技法および機能による種々の分類が試みられている。本稿は，弥生時代の石器との比較に視点をあてているので，機能に重きをおいた分類を行ない，縄文時代の石器をみていくことにする。

本時代の石器は，狩猟・漁撈具，工具，調理具，儀器に大別することができる。さらに，以下のように細分できる。

狩猟・漁撈具……刺突具・打割具・打砕具・錘
工具………利器製作に使用するもの，住居築造
　　　　　に使用するもの，生活必需品製作に使用す
　　　　　るもの。
調理具……解体具・製粉具
儀器………呪具・装身具
狩猟具のなかでも尖った尖端をおもに使用する

刺突具からみていく。刺突具は，弓を使用する石鏃，離頭銛と柄に装着して使用する石槍，有舌尖頭器，石銛がある。石鏃は，平坦な基部をもつ三角鏃，基部に抉が入る鏃・茎部をもつ有茎鏃がある。製作方法でみていくと剝離加工のみで製作するもの，局部的に研磨を加えるもの，器面全面に研磨を加えたものがある。石鏃の出現時期は，細石刃・有舌尖頭器の製作・使用がなくなった段階の早期に出現し，中期まで多く使われている。しかし，後・晩期になると遺跡の立地条件で出土量は異なってくる。北部九州においては，突帯文土器期にふたたび石鏃の量が増加する傾向がある。石鏃は，左右対称であることに意味をもつと考えられる。しかし，九州では後期になると，剝片を素材とし，剝片の縁辺の鋭い刃部を使用したと考えられる剝片鏃が多量出土するようになる。これは，柄を用い刺突具として使用したと考えられる。漁撈具か。石銛は，海岸部に位置する遺跡で前期からみられ，離頭銛と柄を用いて刺突具として使用するものがある。有舌尖頭器は，九州を除いた地域で，草創期に製作・使用されており，柄を用いるものと小型で弓を使用するものとがある。柄を用いるものとして，多くはないが石槍がある。他に，漁撈具として石錘，環石などがある。次に重量および刃部に意味をもち，打砕・打割に用いた礫器・環状石斧などがある。礫器は河原石など，その地の側にある石材を用い，両刃・片刃のものがある。環状石斧は，早期の押型文土器とともに出現し，量的には1遺跡5個までと少ない。儀器としてみていくべきものかもしれない。

工具としては，利器製作・生活必需品製作・住居築造に使用するものがあるが，機能を限定できるものは少ない。そのなかで敲石・台石は石器製作のために使用されており，砥石は，石棒・岩偶などの呪具や磨製石斧などの磨製石器および木製柄，骨角器などの研磨に使用されている。また，抉入石器（ノッチ）は矢柄・弓・柄など木製品の加工に，石錐は土器や皮製品の穿孔に使用されたと

53

考えられる。磨製石斧のなかで両刃の 蛤 刃石斧は，立木の伐採および住居の主柱や木製道具製作のための丸太切断・裁断に使用されたと考えられる。また，片刃の磨製石斧や打製石斧は，木の加工に使用されたと考えられる。両刃の打製石斧や一部の両刃の打製石斧は，住居・土壙・墓など土の掘削に使用されたと考えられる。一部の掻器・削器は，衣服・敷物などに使用する皮や樹皮をなめすのに使われたであろう。

調理具としては，解体および皮を剝ぐ道具・肉を切る道具・種子などを割ったり，製粉する道具が考えられるが，工具と同様，現在残存している石器器種を限定できるものは少ない。そのなかで，磨石や敲石の一部は，種子などを割ったり，製粉に用いられたと考えられる。また，石皿は製粉など物をつぶすことに使用されたものといえよう。石匙・掻器・削器・剝片石器は，解体および皮を剝ぐこと，肉を切ることなどに使用されたと考えられる。

儀器としては，宗教的な意味あいをもつ呪具がある。そのほか石製の装身具は，墓地からの出土例が多いこと，呪具との区別が不明瞭であることなどから，ここでは，儀器と分類した。呪具は，一部の石剣を除きほとんどが磨製石器で，御物石器・石棒・石刀・独鈷石・石冠・岩偶などがある。装身具としては，ペンダント・ネックレスなどの飾玉類や一部の岩板などがある。

2 弥生時代の石器

本時代は，前時代までの狩猟・漁撈・採集に頼る生活に水稲耕作技術が伝来し，定着していく時代である。一方，道具としても鉄器を中心とした金属器が伝来し，石器が鉄器に変わっていった時代でもある。水稲耕作・金属器は北部九州にまず入り，東へ伝播していくため，地域差が生じている。こうしたなかで，石器は，機能が変化したもの，水稲耕作とともに伝わったもの，金属器を模倣したものが出てくる。本時代の石器を機能によって分類すると，以下のようになる。

狩猟・漁撈具……刺突具・破砕具・錘

武器………刺突具

農具………穂摘具

工具………石製利器製作具・木器製作具・生活
　　必需品製作具・青銅器製作具

調理具……解体具・製粉具

装身具……玉類

まず，狩猟具からみていくことにする。刺突具として石鏃・石銛がある。石鏃は，打製石鏃と磨製石鏃がある。打製石鏃は，北部九州では平坦基部の三角鏃と基部に抉りが入るものが多く，近畿を含む東日本では，有茎石鏃が多い。また，北部九州を中心とした地域では中期後半以後みられなくなるが，他地域では後期まで残っている。磨製石鏃は前時代もあり，打製石鏃を部分的および器面全面を研磨して製作しているのに比較し，本時代のものは堆積岩およびホルンフェルスを用材とし，敲打によって整形し研磨を加えたものである。これは，突帯文土器単純期に北部九州へ大陸から伝来した石鏃製作技法で，有茎のものと三角および基部に浅い抉りが入るものがある。これも北部九州では中期後半以降みられなくなるが，他域では後期まで残っている。北部九州では，石鏃は縄文時代後期以降減少していたものが，突帯文土器期から本時代前期前半にかけ各遺跡で量的にも増加し，未製品も出土している。また，畿内においては中期後半から後期初頭にかけて，打製石鏃が多量出土している。このような現象からみれば，石鏃は狩猟具であるとともに武器的な要素をもってきたといえよう。他の石銛などについては，前時代と同様の機能をもっていたと考えられるが，石錘が漁撈具として，分銅形に規格化される。また，漁撈具としてアワビおこしなども製作・使用されている。

武器は，この時代に機能が確立したと考えられるもので，刺突および指揮棒的な意味あいをもっている。器種としては，石剣・石戈・環状石斧などがある。石剣は，打製石剣（石槍）と磨製石剣がある。この器種は，前時代まで有茎と無茎のものがあったが，本時代になると有茎のものがほとんどである（磨製石剣はすべて）。北部九州では磨製であるが，唐古遺跡など畿内を含めた東日本では打製のものが多い。北部九州では，甕棺墓から出土する人骨に刺突例が数例みられる。石戈は，銅戈・鉄戈を模倣したものと考えられ，遠賀川流域などでみられる。環状石斧は，前時代と比較して小型のものが多く，研磨がいきとどいており指揮棒的な性格をもつと考えられる。

農具は，前時代が未分化であったのが，水稲耕作技術の伝来・開始とともに定形化されたものが出現する。農具の大半は木製品に頼っているが，

主要石器の消長

区分	器種	縄文時代 草創期	早期	前期	中期	後期	晩期	弥生時代 前期	中期	後期	器種	区分
狩猟具・漁撈具・武器	有舌尖頭器	━										狩猟具・武器・漁撈具
	打製石鏃／局部磨製石鏃		━━━							━━	打製石鏃	
	剥片石鏃		━━━			━━━					磨製石鏃	
	尖頭器（石槍）									━	尖頭器	
	磨製石剣					━━━				━━━	磨製石剣／打製石剣	
										━━	石戈	
										━━	石鎌	
	環状石斧		━━		━━━					━━	環状石斧	
	石鋸				━━━							
	石銛		━━━━━							━	石銛	
	石錘				━━━		━			━	石錘	
	環石		━━━━━━━							━	環石	
								━━━		━	石庖丁	農具
工具	蛤刃石斧	━━								━━	蛤刃石斧／太型蛤刃石斧	工具
	片刃石斧	━━				━━━				━━	扁平片刃石斧／抉入片刃石斧／柱状片刃石斧／打製石斧	
	打製石斧					━━━				━━		
	敲石	━━━━━━━								━	敲石	
	石錐		━━━━━							━	石錐	
	矢柄研磨器／砥石	━━								━	砥石／穿孔研磨器	
									━━		青銅器鋳型	
										━	紡錘車	
調理具	削器／石匙／剥片石器	━━━━━━━━━								━━	削器／石匙／剥片石器	調理具
	石皿				━━━					━	石皿	
	磨石				━━━					━	磨石	
儀器・装身具	石棒				━━━							
	岩偶／岩板					━						
	十字形石器					━						
	硬玉製大珠				━━							
							━━━			━	勾玉	装身具
								━━━		━	管玉	

収穫具は石庖丁に頼っている感がある。石庖丁は水稲耕作とともに伝来したもので，堆積岩・ホルンフェルスを用材とし，敲打によって三角形・方形・半月形などに整形し，体部に研磨を加え，複数の紐通し孔を穿ち，内湾●外湾する刃部をつくり出している。北部九州では，突帯文土器期からみられる。

工具も，本時代になると木器製作具と青銅器製作具が明瞭化してくる。木器製作具としては，用材切り出し用として太型蛤刃石斧，削り加工用として抉入片刃石斧・扁平片刃石斧が，ノミ的なものとして柱状片刃石斧がある。太型蛤刃石斧は玄武岩・安山岩・ホルンフェルスを，他は堆積岩およびホルンフェルスを用材として，敲打整形し，

体部に研磨を加え，さらに研磨で刃部をつくり出している。蛤刃石斧を除いて，他の器種は大陸から伝来したものといえよう。青銅器製作具としては，青銅製武器である銅剣・銅矛・銅戈，青銅鏡・銅鐸の鋳型がある。これらの鋳型は石製で，中期後半から出現している。他の工具の各器種は前時代と同じである。ただ，糸を撚るものとして紡錘車が顕著にみられるようになる。

調理具については，前時代と同様であるが，北部九州では鉄器・木製品の普及により，中期以降ほとんどみられなくなる。

呪具としては，武器として扱った磨製石剣・石戈など金属器の模倣品と石棒などがある。

装身具としては，勾玉・管玉などがある。これらのものは，甕棺墓・木棺墓など墓地の棺内で，身につけた状態で出土している。

3 縄文と弥生の石器

両時代に存在するものとしては，狩猟具・石製利器製作具・生活必需品製作具としての工具，調理具がある。器種としては，打製石鏃・石槍・掻器・削器・石匙・剥片石器・石錐などの石製利器と，石製利器を製作する敲石・台石などがある。前者は，黒曜石・古銅輝石安山岩などの安山岩，珪岩，頁岩，流文岩，ホルンフェルス・石英を素材とし，後者は，石器素材より硬度のある石材を用いている。これらの石器は，鉄器の使用が定着するにしたがって消滅している。北部九州では，弥生時代中期後半にはみられなくなる石器である。このなかでも，石鏃は前述したように弥生時代になると武器化していくと考えられる。また，石槍は弥生時代になると器長が長くなり石剣とし

て用いられ，武器的な要素をもってくる。また，打割具として使用されたと考えられる礫器は，弥生時代になるとほとんどみられなくなる。

漁撈具も両時代にみられるもので，利器としては骨角製品に頼っているが，石銛があり，他に石錘類がある。前者の出土例は西日本では少なく，東日本から北日本にかけて多い。石錘は，縄文時代中期から後期に切れ目石錘が現われ，弥生時代に入ると環石も漁撈用の錘として使用されたと考えられ，海岸部の遺跡でおもにみられるようになる。また，弥生時代後期になると分銅形の定形化した石錘がみられるようになる。このことは，弥生時代後期に航海技術が進歩したことをあらわしているといえよう。

弥生時代になって新たに出現したものとして，農具・木器製作用・青銅器製作用の工具，武器がある。器種としては，石製穂摘具である石庖丁，太型蛤刃石斧，抉入片刃石斧，扁平片刃石斧，柱状片刃石斧，磨製石鎌，磨製石剣，石戈などがあり，これらは大陸系磨製石器と呼ばれているものである。太型蛤刃石斧が，玄武岩・安山岩を用材としているほかは，堆積岩およびホルンフェルスを用材としている。製作技術もこれらの大陸系磨製石器は，粗割りし，剝離・敲打によって整形し，研磨によって仕上げる工程をとっており，縄文時代にない技法である。青銅器製作用工具として，銅剣・銅矛・銅戈・青銅鏡・銅鐸の鋳型がある。これらは砂岩などの堆積岩を用いている。弥生時代中期後半から青銅器生産が始まったと考えられ，北部九州の須玖丘陵を中心とした地域でみられる。

他に弥生時代になって出現するものとして，糸を紡ぐ紡錘車がある。

装身具は，縄文時代の早期から後期にかけて玦状耳飾り，中・後期に硬玉製大珠があり，晩期から弥生時代にかけては勾玉・管玉がある。これらは墓地から出土するものが多い。

呪具は，縄文時代の後・晩期にみられるもので，器種としては石棒・石刀・独鈷石・御物石器，青竜刀形石器・岩偶・岩板などがあり，十字形石製品もこの類か。十字形石製品・石棒を除いて，東日本から北日本にかけて多くみられる。弥生時代において呪具は，木製品になったと考えられる。

4　まとめ

縄文時代の出土石器のなかで量的に多いのは，石鏃（とくに打製）・削器・石匙などの石製利器，打製石斧（または礫器）・磨製石斧などの工具で，石錐・敲石・磨石，石皿が普遍的にみられる。このことは，本時代が狩猟（または漁撈），木の実・根菜などの採集を生業としていたことや，竪穴住居・貯蔵穴・墓地・落とし穴など台地の掘削に石器を用いていたことが推定できる。縄文時代が，弓矢の使用による狩猟・漁撈・採集を生業とした時代であることを反映しているといえよう。

弥生時代の石器のなかで量的に多いものは，地域差・時期差はあるが，石鏃・石庖丁で，石剣・太型蛤刃石斧・抉入片刃石斧・扁平片刃石斧・柱状片刃石斧・削器・敲石・磨石・石皿・砥石などが普遍的にみられる。また，北部九州を中心とした西日本では，磨製石鏃・磨製石剣・石戈など金属器類似品・模倣品および銅剣・銅矛・銅戈・青銅鏡・銅鐸の鋳型がみられる。このことは，弥生時代に水稲耕作・金属器（とくに鉄器）が伝来し，定着していき，青銅器生産が始まったことを示しているとともに，狩猟・漁撈も行なわれていたことを反映しているといえよう。また，石製利器は北部九州では中期後半以降なくなっている。このことは，金属器（鉄器）が北部九州に伝来・定着し，さらに生産が行なわれるようになったこと，刺突利器・工具類が鉄器化したことを示しているといえよう。また，調理具としての石製利器は，北部九州では中期後半以後なくなる。このことは，鉄器使用の定着と鉄製工具使用による木製品が製作・使用されるようになったことを反映しているものであるといえる。

北海道を除いた日本列島は，弥生時代終末期までに一部の農具（石臼）・工具（砥石）のほかは鉄器・木器化していったといえよう。

参考引用文献

鈴木道之助『図録石器の基礎知識 III―縄文―』柏書房，1981

芹沢長介『石器時代の日本』築地書館，1960

下条信行「石器の製作と技術」『古代史発掘④』講談社，1975

町田　章「木工技術の展開」『古代史発掘④』講談社，1975

下条信行「九州における大陸系磨製石器の生成と展開」史淵，114，1977

縄文と弥生

木 製 品

奈良国立文化財研究所

■ 黒 崎　直
（くろさき・ただし）

木製品は多種多様であり，その遺存には制約が生じるため，2つ
の時代の比較は困難であるが，いくつかの変化があとづけられる

「木製品」と呼ぶ考古資料は，土器類や瓦類と異なって多種多様な使用目的の製品を一括した用語である。出土遺物の素材が，木材を主体として形造られていればそれは「木製品」であって，大は柱や棟木・橋脚・舟などから，小は櫛や木針・箸などに至るまで，実にさまざまな内容と規模を持つことになる。そのうえ，木製品の遺存が埋没環境に大きく左右されるという，研究上の制約をも持っている[1]。それ故，縄文・弥生時代の木製品全般について両者を比較することは，非常に困難を伴う[2]。ここでは，両時代を通じて比較的出土例の多い弓と矢，容器類，斧の柄に限って検討を加えるとともに，木工の技術的な側面にも触れることとしたい。

1　木製品の世界

（1）　弓と矢―狩猟具・武器

狩猟具ないし武器としての弓と矢を取り上げるが，実は矢の出土例は極めて稀で，大阪府鬼虎川遺跡から石鏃を装着した状況で発見された弥生時代中期の矢（図2―16）が，その唯一の資料か。弓はこれまで一般に「縄文時代は短弓が多く，弥生時代に長弓が多くなる」と考えられてきた。しかし，出土資料の増加とともに，そんな単純な理解は誤りであることが明らかになってきた。滋賀県滋賀里遺跡からは，全長145cmの縄文時代の長弓（図1―14）が発見されており，人間の身長に等しいかそれを越える長さの弓も縄文時代に存在したことは明らかである。また弥生時代の弓についてみれば，全長80～150cmの範囲内に大半がおさまるが，個々の差は大きい。弓の長さが多様であるのは「狩猟弓」の特徴と考えられるが，その意味で縄文時代は，間違いなく「狩猟弓」と言えそうである。

弓はその構造から「単体弓」「強化弓」「合成弓」「複合弓」の4つに分類できるというが[3]，このうち，カヤやイヌガヤなど一木の素材から作った「単体弓」が，縄文・弥生時代を通じて一般的な

弓であった。この「単体弓」には，さらに細枝を利用して作る「丸木弓」と割り材を削って作る「木弓」との2種があるものの，丸木弓が圧倒的に多く，木弓は弥生時代の弓の一部を占めるにすぎない。この両者の違いが用途の差によるとすると，丸木弓は狩猟弓であるから，木弓は武器としての弓と考えることができる。このように，木弓は弥生時代に至って顕著になるようだが，人の殺傷を目的とする武器弓の出現は，とりもなおさず「戦争」の存在を暗示している。二つの時代の弓に性格の違いが指摘できるのである。

（2）　鉢や皿―容器類

食膳具や容器としての木製品は，縄文・弥生の両時代を通じて比較的出土例のみられるものである。ただし，中空で器壁が薄いという特徴から全形をとどめる例は限られるうえ，器形にバラエティがあって相互に比較することはなかなか難しい。縄文時代の木製容器類を山田昌久は，皿形・浅鉢形・深鉢形・椀形・壺形・高杯形・水差し形の7種に分類し，皿形・浅鉢形などの大型容器類が古い段階に現われ，椀形・壺形など小型のものが中期以降になって出現すると指摘した[4]。この分類に従えば，壺形や瓢箪を模したとする水差し形容器などは縄文時代に特徴的な容器類で，逆に高杯形は少ない。一方，高杯形は，弥生時代に多数の出土例がある。その製作にロクロの使用が推定されるように非常に精巧な作りで，組合わせの脚部を持つ例もある（図2―10）。皿や鉢にあっても透しのある高い脚を作り出したものが特徴的で鉄製利器による加工技術の高揚がうかがえる。

（3）　斧の柄―工具

斧は，縦斧と横斧とに区別できる。また，柄の形状からは膝柄と直柄とに区別できる[5]。縄文時代の斧の柄は，福井県鳥浜貝塚から縦斧膝柄（図1―3・4）が多数出土している。台部には，石斧を装着するためのソケットと紐受けの段が作り出されている。サカキ・ユズリハなどやや軟質で粘りのある材が選ばれている。また，縦斧直柄は滋賀里

遺跡に出土例がある。コナラないしクヌギ材から作ったもの（図1-1・2）で，膝柄に比して頑丈な作りである。一方，横斧の柄の明確な出土例はないが，鳥浜貝塚や埼玉県寿能遺跡には横斧膝柄とおぼしき木製品があり，そのうえ横斧で調整したとみられる加工痕跡もあって，今後，その実例が発見される可能性が高い。

弥生時代の斧の柄は，全国各地から多数発見されている。石斧のみならず鉄斧の柄もあって，形状も多種多彩である。太型蛤刃（伐採・荒割り用，図2-1）・柱状片刃（荒削り・くりぬき用，図2-2）・扁平片刃（仕上げ削り用，図2-3）という縄文時代には見られなかった3種の木工用斧の出現にともなって，その柄も変化するからである。蛤刃石斧は直斧直柄に，柱状と扁平の片刃石斧は横斧膝柄にそれぞれ装着されたのであろう[6]。ただし，蛤刃石斧の柄は，縄文晩期の縦斧直柄と，使用材は異なるものの基本的に同じ形状である。膝柄のなかには木の分枝を利用せず，別木の柄を組合わせるものもみられる。長崎県里田原遺跡では，一見，縦斧膝柄とみえる石斧柄（図2-4）が出土しているが，木の表面を横方向に削る利器で，使用法は荒削り用の横斧に近い。鉄斧用の柄は，福岡県拾六町ツイジ遺跡や大阪府亀井遺跡などで知られている。ツイジ遺跡例は，台の下部に袋状鉄斧を装着する段を作る縦斧直柄で，亀井遺跡例は袋状鉄斧を雇柄にはめ，それを直柄に装着するという組合わせの構造を持つ（図2-5）。鉄斧自体は無論であるが，その柄においても前の時代にはみられない構造と工夫が指摘できるのである。

2　木工の技術

（1）板材と角材―木取り（製材）の技術

木製品は立木の伐採に始まり，製材・加工・仕上げ等々いくつかの段階を経て完成品となる。このうち，伐採した丸太材（原木）から角材や板材（原材）を得る工程を「製材（木取り）」と呼び，製品の形状をほぼ決める重要な作業段階でもある。

縄文時代の製材の特徴は，弥生時代に比べて角材が多く板材が少ないことである。この点については，みかん割りの円弧を狭めれば柾目板が得られ，年輪数を多くとれば角材が，逆に少なければ板目板が作り出されるものの，このような作業では幅広で長さのある板を取ることは困難であると説明されてきた[7]。しかし，みかん割りを基本とする木取りの方法は，弥生時代にも共通するもの

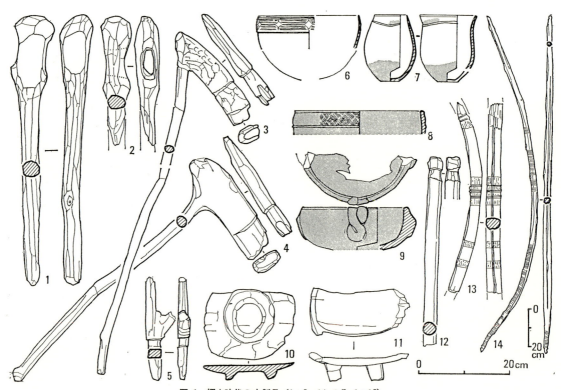

図1　縄文時代の木製品（1:8，14のみ1:16）
1・2・6・14：滋賀里，3・4：鳥浜，5・10～12：薭内，7～9・13：寿能

で，なにも縄文時代だけの問題ではない。むしろ，板材を得るに十分な径を持つ原木の伐採とその割裂きを行なううえに，技術的な困難が存在していた点をあげたい。例えば，根棒に似た縦斧直柄が両時代にみられることは前述したが，縄文時代のそれはコナラやクヌギの原木を2・3分割した程度の材から作るが，弥生時代では10〜15分割した原材から作っている[8]。縄文時代より4・5倍太くて硬いカシを伐採し，それを製材しているのである[9]。これを可能にしたのが，大型蛤刃石斧の存在であろうと思う。そのうえ，こうして得られた板材の加工についても，柱状片刃や扁平片刃などの横斧類がセットとして，荒削りから仕上げ削りに至る各工程を支えていたのである。縄文時代にはみられなかったこの木工具類とその技術が，弥生時代の豊富な板材を生み出したのではなかったか。加えて弥生時代にはさらに鉄製利器があった。これにより厚さ約1cmという薄板の製材も可能だったのである。

（2） ほぞと仕口—組合せの技術

二つ以上の部材を組合わせて一つの製品とするものが，木製品にはある。この場合，部材同士を重ね合わせて縄か蔦などで結びつけるのがもっとも単純な方法だ。しかしそれでは少しの動きでも緩むし，接合部分もかなりかさばってしまう。このため，部材に穴をあけ，そこに紐などを通して両者を縛ったり，接合面に第三の材（釘など）を挿入して固定する工夫が考えられる。土器などの補修によく見られる方法だが，大型の部材には不向きである。岩手県萪内(しだない)遺跡には，端部に切り欠きを入れ弓筈状の加工を施した丸太材（図1—12）や，先端が二股の部材（図1—5）などがある。切り欠き部分を合わせ縄などで縛ると容易に固定できるし，二肌の分岐は直交方向の部材を組合わせるのによい。この2通りの方法が，縄文時代を代表する組合わせの方法と考えてよいだろう。

一方，弥生時代に至ると，より複雑な組合わせの方法があらわれてくる。代表的なものがほぞ差し結合である[10]。これは差し込む「ほぞ」とそれを受け入れる「ほぞ穴」を作るものであり，鍬の身と柄の結合や木製高杯の脚の組合わせなどがこれに当たる。縄文時代にもほぞ差し結合は石鏃や石斧の装着法に知られていたが，木製品同士の組合わせには一般的でなかったようだ。おそらく細部の加工，とくにほぞ穴を掘り込む技術が未熟だったものと思われる。鉄製利器をはじめとする木

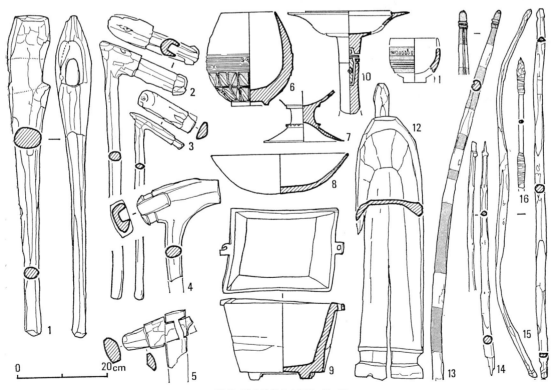

図2 弥生時代の木製品 (1：8)
1・16：鬼虎川，2・3：池上，4：里田原，5：亀井，6：片引，7・8・10・12・14：唐古，9：恩智，11・15：菜畑，13：朝日

工具類が完備してこそ，初めて一般的となった。この他，弥生時代には両方を対称形に切り欠いて組合わせる「相欠き」や，溝を掘り込み別材を塡め込み組合わせる「蟻じゃくり」などの仕口があって，縄文時代とは質的に異なる組合わせの技法が復原されるのである。

（3）漆と彩色—塗装の技術

木製品の表面を塗装し装飾する手法として，古くから「漆」が利用されてきた。鳥浜貝塚で発見された赤漆塗りの弓や竪櫛・盆状品などは，縄文時代前期に属し，わが国における最も時代の遡る漆資料である。後期になると赤漆とともに黒漆を塗った木製容器（鉢・椀など）類や櫛・弓などがあらわれる。ただし土器には，前期から黒漆を塗ったもの（山形県押出遺跡例など）が存在するから，後期になって初めて黒漆の使用が始まったわけではない。そして晩期に至ると，赤漆および黒漆の使用は最盛期をむかえる。

これに対し弥生時代では，漆の使用は意外と多くない。弥生前期においては，容器類を中心にいくつかの資料が見られるが，中期以降，漆塗彩品の出土例は極端に少なくなる。とくに赤漆はベンガラ塗彩や水銀朱塗彩にとって替わられ，その存在が忘れられていくようだ。静岡県伊場遺跡の短甲や石川県西念南新保遺跡の木製高杯では，ベンガラや水銀朱による塗装の上を黒漆で縁どりするという手法がみられる。そして，続く古墳時代や奈良時代を通じて，黒漆が主流をなしていく。すなわち，両時代を対比的に表現すれば，縄文時代は赤漆主体の時代，弥生時代は黒漆主体の時代と呼べるのである[11]。

3 おわりに

縄文時代から弥生時代へ，狩猟採集の生活から農耕が主体になる生活への転換。以上みてきた木製品の世界でも，いくつかの変化があとづけられた。しかし反面，さほどの変化も認められない点も多々あった。そんな中，縄文から弥生への接点に位置する遺跡では，また，奇妙な木製品の存在が注意を引く。

佐賀県唐津市にある菜畑遺跡は，日本最古の水田遺構が発見された遺跡としてよく知られているが，そこで発見された弓と漆器の一部に，縄文時代に系譜を持たず，また弥生時代にも展開しない特殊な木製品とその技術が存在する。比較的小型

のこの短弓（図 2—15）は，三つの弧を交互に合わせた形で，「弓」という漢字の起源を示している。そしてこの種の弓は，朝鮮半島や中国に一般的で，水平にかまえて矢を射出する弓であるという[12]。先にみたように，縄文時代の弓は縦にして射出した。それは弥生時代でも変わらない。大陸から新種の弓が伝えられたものの，ついに日本には定着しなかったのである。

漆器の一部にも同様な状況がみられる。内外ともに赤漆塗りの蓋を初め，椀や高杯などが発見されているが，「下地に黒漆を塗り，その上に赤漆で施文したもので，紋様は直線的で幾何学的なものが多い」というこの赤漆による紋様構成は，同時期の壺の赤彩紋と同じように縄文時代の中に系譜がたどれないもので，この頃に新しく伝来した漆塗りの手法である。しかし，「縄文時代の伝統技術にやがて駆逐され，その後，弥生文化の中に広範に継承されることはなかった」[13]のである。この二つの時代の交代期は，まさに文化の揺籃期であったのだ。

註
1) 黒崎　直「木製品の調査と研究」月刊文化財，1981年11月号
2) 山田昌久「縄文・弥生時代の木製品」『弥生人の四季』橿原考古学研究所，1987
3) 渡辺一雄「弓・矢」弥生文化の研究，5，1985
4) 山田昌久「木製品」縄文文化の研究，7，1983
5) 佐原　眞「石斧論—横斧から縦斧へ」『考古論集—松崎先生六十三歳論文集』1977
6) 町田　章「木器の生産」弥生文化の研究，5，1985
7) 註4)に同じ
8) 註6)に同じ
9) 金子裕之「石の刃の威力」『縄文から弥生へ』帝塚山考古学研究所，1984
10) 小林行雄『続古代の技術』塙書房，1964
11) 工楽善通「漆工技術」弥生文化の研究，6，1986
12) 佐原　眞「菜畑の彎弓」歴史公論，74，1982
13) 註11)に同じ
引用した遺跡の調査報告書類は紙幅の関係で省略した。上記の文献を参照されたい。

縄文と弥生

武　器

橿原考古学研究所
■ 東　潮
（あずま・うしお）

石鏃は縄文早期から弥生中期前半までは狩猟具であったが，中期
後半以降は武器的な性格をもつようになり，中世末まで継続する

縄文・弥生時代をつうじて，人間・動物に対する殺傷具として，石鏃・石剣・環状石斧などの石器，銅剣・銅矛・銅戈・銅斧・銅鏃などの青銅器，鉄鏃・鉄斧・鉄刀・鉄剣・鉄矛・鉄戈などの鉄器や骨鏃がある。これらの生産道具は明らかに利器であるが，いずれもが武器であるのか検討を要する。武器という概念が問題となる。武器は対自然，対人間とのかかわりにおいて人間自らが創りだした道具であり，狩猟具なども本来，武器に含まれるのであろう。しかしここでは武器は対人間との関係において，殺傷したりあるいは威嚇する道具ととらえておきたい。

1　弓・鏃の出現

縄文・弥生における弓・鏃は，後世の鉄砲の出現まで狩猟具・武器の基本であった。武器というものが，個人（家族関係をふくむ）間においてでなく，集団間において発達したものであることはうたがいない。ひいては戦闘・戦争にかかわっている。弓・鏃は縄文時代草創期に出現していらい，狩猟具として発達してきたのである。環状石斧・磨製石剣・磨製石棒など石という材を用いた，人間の手足よりも強固な道具としての性格をもっていたのであった。

人間と自然との戦いが対人間との戦いに転じるのはさまざまな利害による。縄文時代における集団内，集団間の争いはおそらく，狩猟・漁猟・採取の領域（テリトリー）をめぐるものであったにちがいない。定着・定住化が進んでも，狩猟・植物質食料の獲得が基本的生業であるかぎり，自然を共有し，一定の領域を保有しあい，共存してきたのである。

ところが縄文晩期にはじまる農耕は土地所有の問題を顕在化した。可耕地・水などの利害にかかわる土地争いは水田農耕の開始にともなうものであろう。世界的にみて，戦争のはじまりは農耕の開始以後であるという[1]。わが国では弥生時代に該当し，武器をもち，戦いはじめた時代であっ

た。弥生前期いらいの環濠集落の出現，石鏃の大量生産化，「死者と共に武器をも葬る戦士の墓，大量虐殺を物語る大量の人骨，武器の崇拝もまた，考古学的に農業誕生後に存在が明らかとなる」のである[2]。

『三国志』魏書倭人伝によると，「兵器には矛・楯・木弓を使用し，その木弓は，下部が短く上部が長くなっている。竹の矢〔を使用し〕，その鏃には，鉄の鏃あるいは骨の鏃を用いる」とある。また邪馬台国の女王の居住する「宮殿や物見櫓や城柵を厳しく設け，また常に兵器を持った人々が守衛している」とある。それは環濠や城柵で囲繞した城郭を想起させる。武器・武具で装備した武人が存在していたのである。さらに正始4年（243）に，倭王は生口・倭錦などとともに木狎の短弓と矢を献上したという記事がみえる[3]。

環濠が弥生時代になってはじめて出現することはつとに指摘されており，弥生時代の大規模な農耕集落には普遍的である。愛知県朝日遺跡で発掘された城柵もまた，周濠と同様の機能をもったものであった。

縄文遺跡における石鏃の出土のあり方は遺跡の性格によってさまざまである。植物質食料への依存度のたかまった後期以降にあっても，とくに晩期にも石鏃が大量に出土している。近畿の晩期遺跡の代表である奈良県橿原遺跡[4]・滋賀県滋賀里遺跡[5]では1,000点以上の石鏃が出土している。その材質は99％が二上山のサヌカイトである。弥生時代になっても，狩猟は動物質タンパク源の確保のための基本的な生産活動であり，大量の石鏃が製作された。ところが弥生中期の近畿地方を中心として，縄文時代いらいの平基式・凹基式石鏃が，凸基無茎式・凸基有茎式石鏃に発達した。それらは質的な転換であり，武器としての弓矢に変容したものと解釈されている。紀元2〜3世紀，弥生時代の中期から後期にかけての時期に，防御的な集落の性格をもつ高地性集落が増大した。その消長は倭国がおおいに乱れた状況をものがた

り，石鏃の型式変化も，そうした情勢との関係で論じられている。

2 銅鏃と鉄鏃

いっぽう弥生中期以後の青銅器生産の発達にともない，銅鏃も出現した。平基式の石鏃に相い通ずる無茎のものも多いが，凸基有茎式のものが大半である。銅鏃の出現時期が中期後半にさかのぼりうる余地があり，後期には汎日本的に盛行した。現在190余遺跡で出土し，近畿65例・東海48例・関東28例，九州・四国・山陽・山陰および中部地方で5〜9遺跡という分布状況をしめす[6]。近畿から東海地域に分布の中心があり，鉄鏃が北部九州を中心に西日本に分布するのに対し，きわめて対照的な状況をしめす。

鉄鏃はおそくとも弥生中期に出現し，後期になると石鏃を駆逐するようになる。出現の当初から，武器的性格をかねそなえていたものと推測される。佐賀県三津永田32号人骨のように，鉄鏃による傷痕が確認されている。鉄鏃には三韓時代の弁韓・辰韓地域から将来された型式のものから，石鏃の形態を踏襲したものがある。後者は狩猟具としての鏃であったかもしれない。いずれにしても舶載された鉄の素材を加工する，鍛冶によって生産されたのである。

3 矛と楯

倭人伝の記事で注目されるのが，「矛」「楯」である[7]。楯は防護用の武具である。兵器として記載されているので，狩猟などにかかわるものでないであろう。ともかく楯が存在することは，攻撃用の武器がたとえ矛・弓矢であったとしても，弥生時代に武器自体の存在したことをしめす。弥生時代では，木製の楯が知られている。静岡県登呂遺跡で出土した楯は，長さ100 cm以上・幅約30 cmの板に皮張りされたものである。大阪府鬼虎川の木楯は，長さ133 cm・現幅19 cm（推定約33 cm）・厚さ 0.7〜1.0 cmの長大な板である。表面に皮革か植物質のものが木釘で打ちつけられ，その他の部分には赤色顔料を塗られている。また側縁端部に貫孔が穿たれ，毛・羽根など何かを挿し飾した可能性があるという。この楯は形状

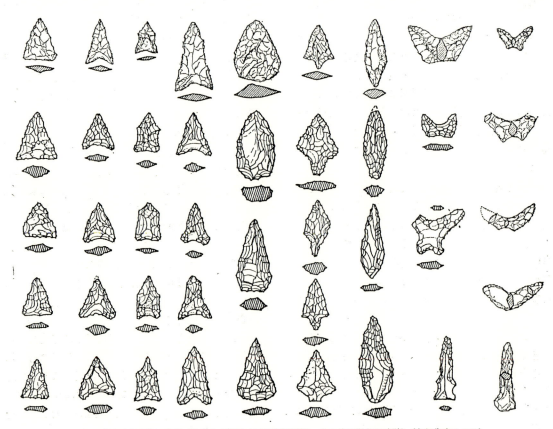

図1　縄文時代晩期の石鏃（上段および右2列は橿原遺跡，その他は滋賀里遺跡）（各報告書による）

から置楯に想定されている。装飾的な楯であるが，装飾性ゆえに実戦に使用されたのであろう。

このほか木製の板に藤蔓を綴りあわせたとみられる型式の楯が，中期中葉～後期に近畿～瀬戸内西部にかけて分布する。その時期と地域からみて，矛よりは弓矢（石鏃）との相関関係がつよいといえよう。また静岡県伊場遺跡では四葉文・渦文・綾杉文が彫刻され，黒・赤に着色された甲が出土している。こうした防具も集団間の戦いのなかで必然的に生まれてきた。楯のような防御具，環濠・柵などの防御施設などとともに出現したのであろう。

4 武器の系譜

弥生時代には，石器とともに青銅器・鉄器が流入し，その生産も開始された。縄文時代の道具とのもっとも大きなちがいである。青銅器のなかで，細形銅剣・銅矛・銅戈が実用的な武器として一般的に流布したとはおもえない。ところが佐賀県唐津市宇木汲田甕棺墓，山口県中の浜土壙墓にみられる銅剣の切先副葬はたんなる「副葬品でなく，その大部分が人を殺傷におよび，刺突時のショックによって切損し人体に残ったもの」と考えられるようになった[8]。また長崎県根獅子2号人骨や福岡県永岡95号甕棺墓のように，明らかに人骨に銅剣の刺さった例がある。これらは弥生時代中期のころで，奴国・末盧国などの小国間で戦闘のあったことを示唆している。銅剣・銅矛は初期の段階のもとで，国産化されると同時に肥大化する青銅儀器は武器の物象化したものである。

弥生時代には北部九州を中心に鉄製武器が発達するのであるが，鉄戈は中期後半以降，儀器化し，実用の武器でなくなるのである。そのいっぽう漢代の鉄製武器である剣・刀が楽浪郡を経由して将来される。わが国における剣・刀の出現である[9]。縄文時代の後・晩期に磨製石剣・石刀の類が存在するが，銅剣や鉄剣の仮器・儀器化したものなら別であるが，もともと剣・刀として意識され，製作されたものでないであろう。弥生時代に，銅剣が流入し，つづいて鉄剣も出現した。福岡県立岩や佐賀県二塚山遺跡出土のような長剣・長刀は，中国の戦国時代末から秦漢時代に発達し

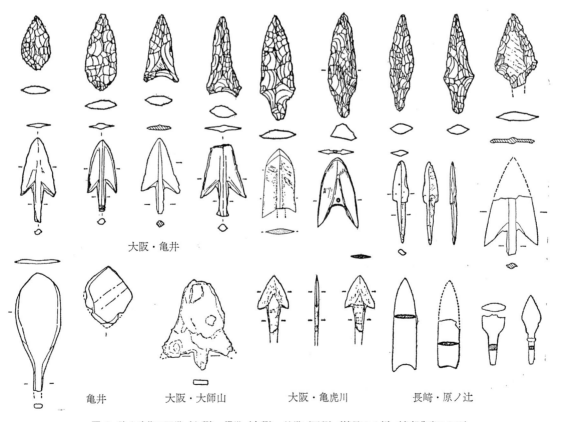

図2 弥生時代の石鏃（上段）・銅鏃（中段）・鉄鏃（下段）（縮尺は1/2）（各報告書による）

63

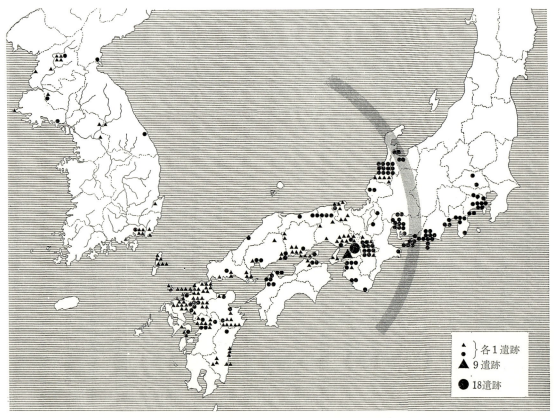

図 3　銅鏃と鉄鏃の分布　（▲は鉄鏃，●は銅鏃）

た。それらは当初，楽浪郡を経由してもたらされたのであるが，紀元前後には辰韓（慶尚南・北道）の南海岸地域で鉄生産がはじまっており，慶尚南道金海槐亭洞遺跡出土例との類似性などから，わが国にはそうした地域から将来されたと推測される。

　縄文・弥生時代の利器において，石対銅・鉄という材質上の差異がもっとも顕著である。弓（鏃）の機能が問題となって，つまり縄文時代早期から弥生中期前半までは狩猟具としての石鏃であったが，中期後半以降は武器的な性格を帯びるようになり，それは古墳時代に継承され，中世末まで継続したのであった。なお大阪府亀井遺跡[10]では弥生時代の石鏃・銅鏃・鉄鏃が出土しており，同一遺跡で同一時代における変化をたどることができる貴重な遺跡である。

註
1)　佐原　眞『大系日本の歴史』1，小学館，1987
2)　佐原　眞『大系日本の歴史』1，小学館，1987
3)　井上秀雄ほか『東アジア民族史』1，平凡社，1974
4)　末永雅雄『橿原』1961
5)　湖西線関係遺跡発掘調査団『湖西線関係遺跡発掘報告書』1973
6)　大村　直「銅鏃」弥生時代の研究，9，雄山閣，1986
7)　芋本隆裕「甲と楯」弥生時代の研究，9，雄山閣，1986
8)　橋口達也「犠牲者」弥生時代の研究，9，雄山閣，1986
9)　東　潮「鉄剣・鉄刀・鉄戈・鉄矛」弥生時代の研究，9，雄山閣，1986
10)　大阪文化財センター『亀井遺跡』1982
　　大阪府教育委員会・大阪文化財センター『亀井』1983
　　大阪府教育委員会・大阪文化財センター『亀井（その2）』1986

縄文と弥生

住居と集落

奈良国立文化財研究所
■宮本長二郎
（みやもと・ちょうじろう）

住居建築の変遷は縄文から弥生に継続的に変化したものとみられ，
縄文前期以来の掘立柱建物や高床建築は同じ機能で引き継がれた

　縄文時代から弥生時代にかけての変換期には土器形式のみならず，集落の形態や住居形式にも大きな変化があったことは，誰しもが認めるところである。しかし，その変化の実態を具体的に説明するのは容易ではなく，本稿では住居については竪穴住居の平面形式の変化を全国的に概観し，集落については対象を絞って縄文時代後・晩期の北陸地方に存在する三つの遺跡を取り上げ，その変換期の実態と要因を探ることにする。

1　竪穴住居の変遷と分布

　まずはじめに，縄文時代中期から古墳時代にわたる竪穴住居の平面形式の変化について，全国的に概観することにしよう。

　縄文時代中期の東日本では地域差は大きいが，大方の傾向として0〜9本の主柱本数に準じた楕円形に近い多角形が主流である。縄文時代中期末から後期にかけて多角形から円形平面に変わり，縄文時代前期に主流であった壁柱が復活するとともに，5本以上の多主柱形式は衰退して，主柱は0・2・4本となる。

　北海道・東北・北陸地方・中部北半地方では円形平面・少主柱形式が縄文時代晩期を経て弥生時代まで続き，関東・東海地方では，縄文時代後期後葉から晩期にかけて方形平面が主流を占め，弥生時代に入って主柱0・4本の隅円方形または胴張隅円方形となり，弥生時代後期から古墳時代にかけて方形平面に収斂して行く。

　長野県から北陸地方にかけての弥生時代の円形平面の竪穴住居址の分布は，長野県下の弥生時代中期には円形平面は県北部に，方形平面は県南部に分布圏が分かれ，弥生時代後期には県北部に円形平面を一部に残すが，全県下に方形平面が主流となる。

　北陸地方では，弥生時代中期の遺構例は現時点ではみられないが，同後期前葉には円形平面が存在し，以後は隅円方形が主流となる。なお，当地方には弥生時代末期から古墳時代初期にかけての

時期に，多主柱の円形平面が現われる。この形式は西日本の弥生時代に盛んな形式であり，その影響が遅れて当地方に及んだものと思われる。

　いっぽうの西日本の竪穴住居は，縄文時代の竪穴住居の発見例が極めて少なく，弥生時代に入って急速に増加しており，東日本のように縄文時代から弥生時代への連続した変遷は現在のところ考えられない。

　西日本の弥生時代前・中期の竪穴住居の平面形式は円形を主流とするが，九州から山陰地方にかけて方形平面が弥生時代を通して小型住居にみられる。弥生時代後期に入ると，円形平面は九州地方に限って途絶え方形平面に移行する。

　山陰地方では，弥生時代後期以後は円形平面のほかに多角形，隅円方形平面が出現して古墳時代前期までこれらの形式が共存し，その影響は北陸地方にまで及んでいる。

　畿内・山陽地方では，円形平面は弥生時代後期まで主として大型住居に存続し，同時に隅円方形・方形平面が増加して，弥生時代末期から古墳時代にかけて方形平面に移行する。

　西日本の弥生時代の円形平面の竪穴住居と，同時期の東日本のそれと異なるのは主柱の配置形式である。東日本は主柱0・2・4本であるが，西日本の主柱は0本から17本までの例があり，一般的には大型住居でも8〜9本とする例が多く，住居規模に比例した求心円形配置をとる。住居規模に比例して主柱本数を決定し，大型住居の主柱本数を8〜9本とする点において，縄文時代中期の東日本の竪穴住居と同じ手法をもつといえる。しかし弥生時代の西日本では主柱本数が10本以上17本までの例が新たに加わり，主柱の配置形式は，東日本の竪穴長軸線に左右対象に配置するのに対して，西日本では求心円型配置で，大型住居では主柱以外にも，竪穴床面中央に2本または4本の補助支柱を立てることなど，構造的に大きな差異が認められる。

　したがって，弥生時代に西日本に発生した円形

平面の竪穴住居は，東日本の縄文時代のそれとは全く無縁とはいい切れないものの，東日本から西日本への伝播という形ではなく，全く別のルートから移入された可能性がある。

以上は縄文時代から弥生時代にかけての竪穴住居の平面形式の分布と変化を全国的にごく大まかに概観したものである。縄文時代から弥生時代への変換期における竪穴住居の平面形式の分布に注目すると，円形平面は北海道・東北・北陸・西日本（大型）に，方形平面は関東・中部南半・西日本（小型）に分布圏が分かれよう。

ただし，主柱配置は西日本の多主柱と，東日本の少主柱に分かれ，同じ円形平面でも上記のように東・西日本では構造的に全く異なっており，したがって，全国的には大きく三つの地域に区分することができる。

縄文時代以来の東・西日本の地域差は弥生時代に入っても相変らずであるが，縄文時代晩期から弥生時代中期にかけての時期には，少なくとも竪穴住居の地域差はより少ない方向に向かい，一定の形式に収斂するきざしを示すものといえるであろう。

この傾向は弥生時代後期には全国的に方形平面の増加という形で加速され，古墳時代には方形平面にほぼ統一されるのである。

縄文時代晩期から弥生時代前・中期にかけてのこうした変化の要因として，米作り文化の影響を考えるのが最も自然であるが，しかし，米作りにともなってはじめて移入されたものと考えられた掘立柱建物や高床倉庫は，縄文時代前期にはすでに出現しており，また，掘立柱建物の集落としては，次に述べるように北陸地方に縄文時代後期の例があって，米作り文化の移入以前から掘立柱建物や高床建築が存在して，米作り文化の移入によって普遍化したものとすべきであろう。

2 北陸地方の集落

縄文時代後・晩期の北陸地方の掘立柱建物のあ

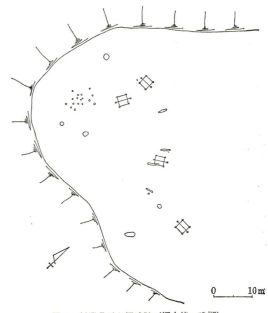

図1 新潟県瓜ケ沢遺跡（縄文後〜晩期）

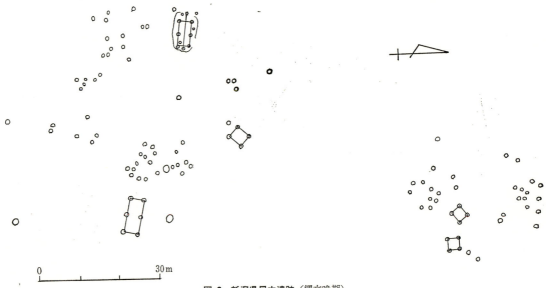

図2 新潟県尾立遺跡（縄文晩期）

66

る集落例には，新潟県瓜ケ沢遺跡（後期～晩期），同岩野原遺跡（後期），同尾立遺跡（晩期）がある。これらの集落遺跡は特異な形態を示し，まさに時代の変換期に位置するものとして重要な例と思われる。

瓜ケ沢遺跡は舌状台地上に営まれた集落で，他に類例のない形態をとっている。遺構は桁行1間の亀甲形平面をもつ掘立柱建物4棟，土壙5基，V字形溝状遺構4条，意味不明の柱穴群により構成され，その配置状況からみて短期の集落であったと思われる（図1）。

岩野原遺跡は信濃川左岸の河岸段丘上に営まれた縄文時代中・後期の集落遺跡である。住居址81基，掘立柱建物址5棟，Lpit（貯蔵穴か）約130基により構成され，81基の住居址のうち竪穴住居はわずか6基で，他に敷石住居址1棟のほかはほとんど炉址のみまたは炉址と壁柱による平地式住居である。

掘立柱建物は桁行1間の亀甲形平面が2棟，桁行2間の亀甲形平面が2棟，3間×1間の方形平面が1棟の計5棟である。

岩野原遺跡の集落は平地住居が主で，亀甲形平面の掘立柱建物は集落の中核的な存在と考えられる。岩野原遺跡と類似の例は，古く遡って縄文時代中期の岩手県西田遺跡にある。この場合は亀甲形平面や長方形平面の掘立柱建物が環状に配列し，その外側に竪穴住居址を配置しており，両遺跡における掘立柱建物の機能の共通性が窺える。したがって，岩野原遺跡は縄文時代中期の伝統を受け継ぐ集落といえ，瓜ケ沢遺跡に先行する形態を示すものであろう。

上記の二つの集落に現われた亀甲形平面の掘立柱建物の形式は，桁行1～2間，梁行1間の方形平面で，妻側側面から外側に離れて独立した棟持柱をもつ形式が考えられる。独立棟持柱のある掘立柱建物の遺構例は，弥生時代中期末の鹿児島県王子遺跡にあり，瀬戸内海沿岸地方にも類例がある。

これらの例は平屋建ての掘立柱建物であるが，もう一つの考え方として，二階建て，すなわち棟持柱のある高床建築であった可能性もある。独立棟持柱つきの高床式建築は，弥生時代中期の銅鐸や土器に描かれ，発掘遺構例としては極めて少ないことから，祭祀用建物――神殿として用いられていたとも考えられる。

いずれにしても瓜ケ沢遺跡の独立棟持柱つき掘立柱建物のみによる集落構成は，縄文時代には全く類例のないもので，その性格についていまのところ類推するすべはないが，新しい時代，新しい社会の到来を感じさせるものがある。

尾立遺跡は瓜ケ沢遺跡より時代が降り，縄文時代晩期終末の集落である。掘立柱建物5棟と柱穴群による集落構成は瓜ケ沢遺跡と類似するが，掘立柱建物の形式は独立棟持柱をもつ桁行2間，梁行1間の建物が1棟ある以外は，棟持柱のない桁行2間，梁行1間1棟，方1間3棟である（図2）。

棟持柱のある建物はその周囲を楕円形に囲う溝をめぐらせて，一見して竪穴住居の主柱と周溝のようであるが，竪穴の掘り込みはなく，この溝は平地式の掘立柱建物の雨落溝と考えられる。な

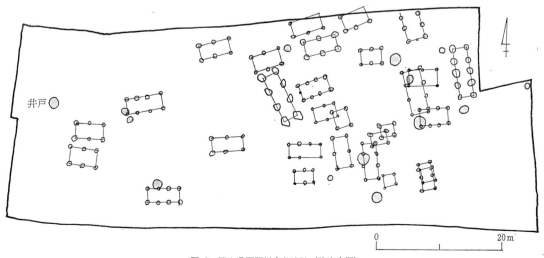

図3　岡山県百間川今谷遺跡（弥生中期）

お，この建物内出土の土器には，大洞 A_1 式と畿内第II様式が共伴しており，両形式を同時に使用していたものとすれば，西日本と東日本の相異なった土器を結びつけるものとして大変に重要な意味をもつ例となろう。

東日本の晩期終末期と，西日本の弥生時代中期前葉が併行し得るかどうかわからないが，もし同時とすれば，尾立遺跡の2間×1間あるいは方1間の掘立柱建物が，弥生時代の西日本に一般的な高床建築としてよいであろう。

高床建築のみによる集落は岡山県百間川今谷遺跡（弥生時代中期）の例がある（図3）。百間川今谷遺跡は図3のように掘立柱建物と井戸などで構成された河川敷に営まれた低地の集落であり，集落形態としては類例の少ない珍しいものである。このような掘立柱建物を平面形式からだけで高床式か平地式かを判断するのは大変に難しい。

弥生時代の掘立柱建物で高床式と平地式を区別する方法は，高床式は梁間1間，平地式は梁間2間以上であるから，簡単に見分けがつく。しかし，梁間1間の場合でも梁間が4～5mと広く桁行の長い建物で平地式と考えられるものがあり，高床倉庫の場合には，一般的には桁行1～2間とするものが多い。

百間川今谷遺跡の掘立柱建物群を高床式としたのは，桁行4間が1棟のほかは，すべて桁行3間以下の小型であり，また，梁間が他の一般的な例に較べて狭いこと，立地が低地であることなどの理由による。

縄文時代晩期の北陸地方における掘立柱建物の類例は，富山県古沢A遺跡（晩期後葉）と石川県チカモリ遺跡にある。チカモリ遺跡は円形平面の巨木柱列で著名であるが，2間×1間と方1間の掘立柱建物も併存し，いずれも高床建築とみなし得るものである。

瓜ヶ沢遺跡と尾立遺跡は，集落構成が類似して縄文時代後期から晩期への連続性が認められるものの，建築形式が上記のように棟持柱つきから棟持柱のない建物に変化している点に，縄文時代から弥生時代への社会的な変革の現われをみることも可能であろう。

3 縄文から弥生への変化

東日本における縄文時代後・晩期から弥生時代への竪穴住居の変化は，外部からの影響はあるにせよ，自律的な発展として捉えることが可能である。いっぽう，西日本における弥生時代前期の円形平面，多主柱の竪穴住居の出現は，東日本の縄文中期のそれとは多くの類似性が認められるものの，構造的には全く異なった形式であることから，中国大陸や朝鮮半島を経由して新たに移入された形式であるとすれば，掘立柱建物や高床建築とともに，米作り文化にともなって移入されたと思われるが，縄文時代後・晩期の東北・北陸地方における竪穴住居の円形平面の広範囲な広がりと全く無関係ではなく，むしろその素地が築かれていたものと考えられる。また，縄文時代前期以来の掘立柱建物や高床建築については，弥生時代とは形式を異にするとはいえ，弥生時代と同じ機能，すなわち，住居・倉庫・祭祀建築などとして使用され，弥生時代に引き継がれて普遍化したものとすべきであろう。

以上のような縄文時代後・晩期から弥生時代にかけての住居建築の変遷からみて，縄文時代から弥生時代への変化は，少なくとも住居建築については全く相異なる不連続な社会ではなく，縄文時代から弥生時代に継続的に変化したものとして捉えなければならないことを主張するものである。

以上の説は仮説にすぎないとしても，もっとも確実にいえることは，弥生時代以後，古墳時代にかけて，多少の地域差は認められるが，円形平面から方形平面への画一化を全国的に指向していることである。その要因として政治的・社会的基盤の全国統一化が集落形態や住居建築に端的に現われていることは指摘するまでもなく，その統一化が加速度的に促進されるのは弥生時代後期以後であり，縄文時代後・晩期から弥生時代前・中期にかけての時代は，いわばその過渡期にあたるものといえよう。

参 考 文 献

宮本長二郎 「住居」『岩波講座日本考古学4―集落と祭祀』1984

石野博信 「考古学から見た古代日本の住居」『日本古代文化の探究・家』大林太良編，社会思想社，1975

橋本 正 「竪穴住居の分類 と 系譜」考古学研究，23-3，1976

加藤 緑「中期縄文人のすまい」Circum-Pacific，環太平洋学会，1975

都出比呂志「家とムラ」『日本的生活の母胎』河出書房新社，1975

縄文と弥生

信仰関係遺物

東京国立博物館
井 上 洋 一
（いのうえ・よういち）

土偶・石棒は食料採集経済の縄文社会を反映しているが木製祭器や
青銅祭器は食料生産経済に移行・発展した弥生社会を反映している

　縄文経済は狩猟・漁撈・採集を基調とする，いわゆる食料採集経済に属する。この段階では，人人が食料として獲得できる全体量は，そのほとんどが自然の法則に委ねざるを得なかった。もちろん，より多くの獲物を獲得するための努力は払われた。それは狩猟具や漁撈具の発達が雄弁に物語っている。しかし，こうした食料採集経済にあって，それぞれの生業を支えてきたのは，まさに「自然の恵み」にほかならなかったのである。それ故，彼らは自然に対し敬虔な祈りを捧げ，数々の「自然の恵み」を得るためのはたらきかけを行なってきたにちがいない。

　これに対し，弥生経済は稲作を生業の主とする食料生産経済である。もちろん，その根底には縄文以来の生業が生きていることは，言を待たない。しかし，この段階で自然に従順であった人々は，自然を巧みに改造することを覚えたのである。それは人々がより豊かな安定した生活を営むための知恵の獲得でもあった。稲作は安定した食料を供給し，人口を増加させ，社会を飛躍的に発展させる原動力となった。しかし，それも自然の加護のもと，災害に見舞われては安定した食料などのぞむべくもなかった。

　災厄を免れ，生活の豊かさと幸せを乞い願う「祈り」・「信仰」は，こうした背景から生まれ，それぞれの社会の生産基盤と複雑にからみあい，人々の間に滲透していったのであろう。本稿ではこうした信仰の一端を具現化した「信仰関係遺物」にスポットをあて，縄文と弥生の社会を比較してみることにしたい。

1　縄文時代の信仰関係遺物

　縄文時代の信仰関係遺物には，人を象った土偶・岩偶，男性の性器を表現したと考えられる石棒，一種の護符ではないかとされる土版・岩版を代表に，石冠・御物石器・独鈷石と称される奇妙な形をした石製品などがある。またこのほか，動物形土製品や耳飾・腰飾・玉といった装身具類も

呪術的色彩の濃い遺物と考えられている。

　土偶はヨーロッパや西アジアの新石器時代には農耕と密接な関係をもち，生産や豊饒を祈る地母神崇拝の像として発達してきた。しかし，こうした考えを狩猟採集経済にあった縄文社会に直結させるわけにはいかない。

　縄文土偶の起源は，まだはっきりしてはいない。ただ，縄文時代のはじめには，大分県岩戸遺跡から「こけし」の形によく似た岩偶が，愛媛県上黒岩洞窟からは，長い髪と腰みのと乳房を線で刻み込んだ河原石が出土していることから，縄文早期・前期にみられる手足のない土偶との有機的な関係も説かれている。

　日本における土偶の初源的形態は，茨城県花輪台貝塚から出土した土偶が示すように，顔の表現はなく，張った腰と乳房のみが表現された，いたって単純なものである。前期になると，青森県三内遺跡出土の土偶のように，簡単ではあるが顔の表現をもち，両腕部が翼状に張り出し，全体として逆三角形に近い板状の土偶が出現し，定型化の道を辿る。そして中期には，前期より引き継ぐ板状土偶が装飾性豊かな十字形土偶として発達する一方，地域性も反映され，関東・中部地方では，立体的な全身立像が誕生する。つづく後期には，群馬県郷原遺跡出土のハート形土偶を代表に各地で実に多彩な土偶が生まれ，その分布も九州にまで広がりをみせている。土偶の普遍化と多様化が強調される時期である。そして晩期には，抽象と具象を兼ね備えた土偶が東北地方を中心に生成・発達する。宮城県恵比須田遺跡出土の遮光器土偶は，まさにその代表例であり，縄文土偶の到達点というにふさわしい。以後，土偶は衰退の一途を辿り，その末裔ともいうべき姿がわずかに長野県腰越遺跡などから出土した弥生時代のいわゆる容器形土偶に反映されているにすぎない。

　こうした変化を遂げる縄文土偶の解釈にはさまざまなものがある。母体から生まれ出ずる新たなる生命の神秘に根ざす再生，多産そして豊かなる

獲物の全体的象徴とするものや，わが身にふりかかるさまざまな災いを土偶が身代わりとして受け，それを打ち砕くことによって災いを消し去るという解釈などは，その代表例である。いずれの解釈が土偶本来の姿を表わしているのかはまだはっきりしないが，日本の土偶の場合，その製作・使用目的については，多元的に考えるべきかもしれない。次に，石棒について触れよう。

石棒はその片側ないし両側がふくらみをもった断面が円形ないし楕円形の棒状石製品で，男性性器の形によく似たものがある。縄文時代中期以降，近畿以東にみられる。中期の石棒は大型で，なかには2mをこすものもある。これに対し，後期以降はしだいに小型化の傾向を辿り，晩期にはふくらんだ頭部に三叉文や三角文などが彫刻され，石刀・石剣といった精巧なものへと変化していく。おそらく青龍刀石器もこの系統に属するものであろう。

縄文人は生活の道具の多くを石でつくり，それらを巧みにあやつり，多くの獲物を得ていた。また，彼らの墓にみられるように，石により魂を鎮め，石により邪霊を払った。こうした石に対する伝統的な信仰といわゆる男根祭祀の結合が石棒を生んだのであろう。

高さ約50cmほどの男根形をした石棒の周囲に組石墓や石を配した祭壇状の施設が巡る山梨県金生遺跡の状況は，まさに性器信仰の象徴としての石棒の存在を強調しているようにみえる。

縄文社会の呪術的産物であるこうした土製品や石製品は，とくに縄文後・晩期に急増する。おそらく厳しい自然と複雑化する社会の中で，人々がより豊かにくらすためのさまざまな祈りが捧げられたのであろう。しかし，やがてくる稲作文化の影にその姿はしだいに消されていくのである。それは，これらの遺物が縄文社会とともにあり，食料採集経済の段階にあった縄文人の精神的側面を支えていたことの証でもあろう。

2 弥生時代の信仰関係遺物

弥生時代の信仰関係遺物には，先にあげた縄文の伝統を残す容器形土偶のほか，人物・動物・武器などを象った木製祭器や，シカやイノシシの骨でできた卜骨や刻骨，そして各種の青銅祭器といった実に多彩な遺物が加わる。

滋賀県大中の湖南遺跡出土のこけし状の木偶，大阪府池上遺跡出土の男性の性器を木に写した男根形木製品，これらは形の上では縄文時代の土偶・石棒と同じ系統に属している。しかし，これらの木製品は弥生のはじまりをもって出現したものであり，土偶・石棒祭祀を背景とした縄文社会にはみられなかったものである。象るものは同じであっても，こうしたちがいがみられるのは，両者の間に社会的変質が存在したからにほかならない。

男根形木製品の用途は，まだはっきりしない。しかし，イナゴの害から田を守るため，男茎形を作って田の水口に立てたという『古語拾遺』の記事は，その用法を考える上で，きわめて興味深い。この用法がどこまで遡ることができるかはわからないが，さまざまな害より田を守り，その年の豊作を願う人々の心は，弥生人とて同様であったろう。おそらく，弥生時代の男根形木製品もこうした田の豊饒を願う呪具として用いられたのではなかろうか。

ところで，大阪府池上遺跡などでみられる鳥形木製品については，朝鮮の蘇塗との関係が指摘されている。蘇塗は「天下大将軍」と墨書した長生とともに村境に置かれて賽の神の役割を果たすと

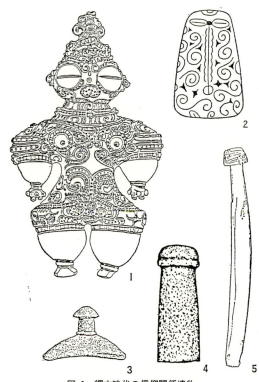

図1 縄文時代の信仰関係遺物
1土偶(宮城県恵比須田) 2土版(秋田県麻生) 3石冠(岐阜県下島) 4石棒(長野県曽利) 5石刀(北海道札苅)

いう。鳥は神の使者であり，先導者であるという鳥霊信仰が木の鳥に形を変えたのであろう。こうした習俗は広く東北アジア全体に広がっているが，こうした習俗を直接，弥生社会に結びつけてよいかは，疑問の残るところである。

『荊楚歳時記』の春分の日，農時を告げる鳥の条には，

> 春分の日，民並びに戒火草を屋上に種う。鳥あり鳥の如し。雞に先んじて架架格格と鳴く。民，此の鳥(の鳴く)を候ちて則ち田に入り，以て候と為す。

とある。稲作を生産基盤とする弥生社会の場合，鳥形木製品は，むしろこうした鳥の象徴として，田の豊饒を願う祭器として存在した可能性もある。銅鐸絵画にみられる鳥，弥生土器に描かれた鳥，そして時代は少し下るが，奈良県佐味田宝塚古墳から出土した家屋文鏡に表現された棟にとまった鳥などの存在を考えると，鳥と農耕祭祀の深い関係がみえてくるようにも思える。

木製祭器にはこのほか山口県宮ヶ久保遺跡などでみられる武器形木製品がある。これは銅剣や銅戈といった主に青銅製武器形祭器を木に写したものであり，現状では長崎から静岡という広い範囲にみられる。武器を象ることから，豊凶を占う模擬戦に使用され，儀礼として固定化した祭器と考えられている。このようにみてくると，木製祭器はかなりバラエティーに富むが，その本質は弥生人が生み出した田の豊饒を願う祭器という点で共通しているものといえよう。

またシカやイノシシの肩胛骨を焼いて吉凶を占う卜骨の習俗については，『魏志』倭人伝は次のように伝えている。

> 其の俗，挙事・行来，云為する所有らば，輒ち骨を灼きて卜し，以て吉凶を占う。先ず卜する所を告ぐ。其の辞は令亀の法の如く，火坼を視て兆を占う。

この卜骨の習俗も東北アジアに広がっているが，中国では牛骨や亀甲を用いるのに対し，日本では神奈川県毘沙門洞穴出土例に代表されるように，その多くがシカを用いている。これは弥生人がシカに対し特別な意識をもっていたことを示す事例として注目に値する。

大変興味深いことがある。縄文・弥生を通じて当時の人々が最もよく食べた動物は，イノシシとシカである。獲物の豊かさを祈った人々は，両者のより多い獲得を夢みたにちがいない。にもかかわらず，縄文人が造形の対象としたのはイノシシであり，シカではなかった。これに対し，弥生人が好んだのは圧倒的にシカが多い。

卜骨でのシカの選択，弥生絵画のシカの占める割合，さらに風土記にみられるシカの位置づけなどを考えると，弥生時代，シカが霊獣視されていたことがうかがわれる。それは鳥と同様，農耕と深い関係をもった動物として，弥生社会に浸透していたと考えられる。

ところで，弥生社会は，金属器文化の開始した時期でもある。大陸より鉄と青銅が伝わり，それぞれの金属の特質を反映させたかたちで，鉄は武器・工具といった利器に，青銅はもっぱら武器よりも祭器といった呪術的色彩の濃いものへ用いられた。弥生時代の青銅器には，銅剣・銅戈・銅矛・銅鏃といった武器類のほか，銅鐸・銅鉇・銅釧・巴形銅器といったものがある。

日本における青銅器の出現は，弥生時代前期に朝鮮半島より伝来した舶載品に始まるといってよい。その後，西日本を中心に国産化されていく

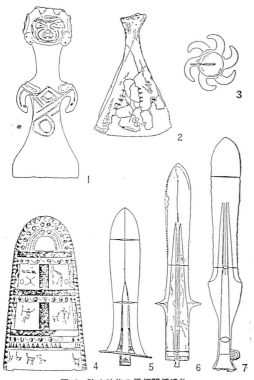

図2　弥生時代の信仰関係遺物
1 土偶(長野県腰越)　2 卜骨(長崎県唐神)　3 巴形銅器(佐賀県桜馬場)　4 銅鐸(兵庫県桜ケ丘)　5 銅戈(出土地不詳)　6 銅剣(徳島県左右内山)　7 銅矛(長崎県佐護クビル)

が，銅剣・銅矛・銅戈といった武器類は，その姿を細身から広身に変化させ，武器本来の機能を失ない，武器形祭器へと変貌を遂げる。また，銅鐸も小型から大型へと発達し，その過程で装飾性を増す。そこには銅鐸のもつ鳴り物としての本来の機能が薄れ，その姿のみが強調されていく過程がみてとれる。

このように，青銅製武器類にしろ銅鐸にしろ，そこには実際に「使用するもの」から「見るもの」へ，「動」から「静」への変質がみてとれる。それはある意味で，弥生社会の地域的安定を意味しているのかもしれない。これらの青銅祭器がいかなる祭り・信仰と結びつくかは，まだはっきりしてはいないが，その出現と展開には深く農耕祭祀が結びついているようにみえる。

青銅祭器がいかなる祭りに使用されたか，それを解くためのさまざまな状況証拠が，近年の発掘調査によってもたらされている。まだ記憶に新しいあの358本というおびただしい数の銅剣を出土した島根県荒神谷遺跡をはじめ奈良県大福遺跡・徳島県名東遺跡・大阪府西浦遺跡・静岡県前原Ⅷ遺跡では，いずれも銅鐸が，横にねかされ，鰭を地面に対し垂直に立てられた状態で発見されている。これを単なる偶然とみるわけにはいかない。むしろ，こうした状況は，山陰・山陽・近畿・東海といった広い地域に共通する「祭式」が存在していたことを示していると考えた方がより合理的である。

銅鐸埋納に関しては，過去さまざまな意見が出されているが，こうした状況から考えると，銅鐸が単に祭りに使用され，そのまま破棄されたとする考えや一時的な隠匿であるといった埋納論は成立し難い。ところで，こうした状況は，銅鐸に限ったことではない。先の荒神谷遺跡・佐賀県検見谷遺跡・福岡県原町遺跡などの例からもわかるように，銅剣・銅矛・銅戈といった武器形祭器もそれぞれを横にねかせ，刃を立てた状態で埋納されている。また，これらはていねいに鋒と茎の方向が互い違いに置かれているが，この置き方は，荒神谷遺跡や愛知県伊奈遺跡から出土した銅鐸にも共通した点でもある。

このように，青銅器の器種を異にしても共通する埋納方法を用いていることは，九州・山陰・山陽・近畿・東海といった広い地域に共通する「祭式」が広がっていたことを示しているとみてよ

い。それは青銅器自体のもつ呪術性に「祭式」の重要性が加味された，「祭器」と「祭式」の融合ともいうべき現象の一端を具現化したものといえよう。もの自体の観察と同時に，こうした状況証拠の積み重ねが，弥生時代に限らず，さまざまな信仰を解く鍵をつくっていくのであろう。

3 おわりに

「信仰関係遺物」というわずかな手がかりから縄文・弥生を比較することは，非常に困難なことである。しかし，こうしてみてくると，縄文人・弥生人の世界観が具象化された「信仰関係遺物」は，的確に当時の社会状況を反映しているようである。

縄文人が再生・繁殖・豊かなる獲物の象徴とした土偶・石棒は，生活の糧を自然の恵みに頼らざるを得なかった縄文の食料採集経済を反映し，農耕祭祀と深く結びついた木製祭器や青銅祭器は，自然の法則を巧みに改造した稲作を基盤として，弥生社会が食料採集経済から食料生産経済に移行・発展する複雑な状況を反映しているとみてよかろう。また，縄文時代に比べ，多種多様な遺物が弥生時代に多くみられるのは，弥生の信仰・習俗が縄文のそれを基盤に育まれたものであると同時に，稲作とともに多くの新たな技術・文物そして精神活動が大陸よりもたらされた結果，重層的な構造を形成したからにほかならない。

参考文献

江坂輝彌・野口義麿編『土偶芸術と信仰』古代史発掘3，講談社，1974

大場磐雄編『前神道期』神道考古学講座1，雄山閣，1981

金関　恕「弥生人の精神生活」『稲作の始まり』古代史発掘4，講談社，1975

甲元眞之「弥生と縄文」『稲と金属器』週刊朝日百科日本の歴史39，朝日新聞社，1987

小林達雄「土偶」『土偶　埴輪』日本陶磁全集3，中央公論社，1977

佐原　眞『日本人の誕生』大系日本の歴史1，小学館，1987

佐原　眞・金関　恕編『祭と墓と装い』弥生文化の研究8，雄山閣，1987

孫晋泰「蘇塗考」民俗学，4-4，1932

永峯光一「呪的形象としての土偶」『土偶　埴輪』日本原始美術大系3，講談社，1978

八幡一郎「日本の先史土偶」MUSEUM，99，東京国立博物館，1959

縄文と弥生

墓　制

帝塚山短期大学教授
田 代 克 己
（たしろ・かつみ）

縄文の墓は生活の場に極めて近接して営まれており，一方弥生の
墓は多彩なあり方を示し，複雑な組み合わせでもって形成される

1　縄文時代の葬制

　日本列島において，縄文時代以前に人々の生活が開始されていたことは，すでに明確な事実であるが，死者を埋葬した例は今のところ明らかでない。日本以外の世界各地では，旧石器時代の埋葬人骨が発見されているから，当然日本においても死者を埋葬することがあったと推測するほかないのが現状である。

　死者を埋葬した確実なものとしては，縄文時代以降のものをあげることができる。

　以下，縄文時代の埋葬について時期を追いながら簡単にふれておこう。

（1）　縄文時代早期

　最も古い資料として，神奈川県平坂貝塚の出土例があるが，墓壙もなく，人為的に埋葬されたかどうか不明のものである。

　やや時期が新しくなると，岩手県蛇王洞遺跡や，長野県栃原岩陰遺跡，愛媛県上黒岩岩陰遺跡などの例が知られる。栃原遺跡や上黒岩遺跡では，遺体はいずれも1カ所に集中して埋葬されており，すべて屈葬によるものであった。これらの岩陰遺跡は一方で生活の場でもあって，死者は生前生活していた場所にきわめて近接して埋葬されていることが明らかである。

　早期末のものとしては，滋賀県石山貝塚の5例があるが，いずれも屈葬によるものである。

（2）　縄文時代前期

　前期前葉の時期には屈葬によるものが多いが，中葉になると伸展葬がみられるようになる。屈葬が優位を占めながらも伸展葬の出現した意味，また屈葬のもつ意味については，さまざまな解釈がなされているが確定したものはないといえる。

　前期中葉には，乳幼児を甕に納めて埋葬する甕棺葬が出現する。

（3）　縄文時代中期～後期

　中期中葉までは屈葬が圧倒的に多くみられるが，中葉以降になると伸展葬が多く認められるようになる。

　後期の前葉にかけて，集落の規模も大きくなり，埋葬は集落内の一定の区域に集中する傾向がみられる。また頭位をある一定の方向に向けて埋葬する例がみられ，年齢や性別によるのではなく，集落構成員の出自によって区別されていると考えられている。

（4）　縄文時代晩期

　縄文時代後期末から晩期にかけて，東日本では，環状列石や環状土籬と呼ばれる大規模な共同墓地が出現する。いずれも集落と切り離して設けられた墓域であり，生者と死者を明確に分けようとする観念の現われたことを示すものとしてとらえられている。

2　弥生時代の葬制

　弥生時代の墓を，その形態からみると，土壙墓，木棺墓，壺・甕棺墓，支石墓，箱式石棺墓，さらに方形周溝墓，方形台状墓などをあげることができるであろう。

　以下，これらの墓の形態について，簡単にふれておくことにしよう。

（1）　土壙墓

　地面に一定プラン（長方形，円形，方形など）の穴を掘って，直に遺体を埋葬したものであり，必ずしも弥生時代特有のものではなく，縄文時代以来続く最も一般的なものである。

　多くは甕棺墓などにまじって墓地を形成しており，終始土壙墓だけで形成される墓地はほとんどない。

　畿内においても，方形周溝墓群の中や，やや離れた位置に土壙墓群が検出された大阪府宮之前遺跡や瓜生堂遺跡などの例がある。

　土壙墓はまた，方形周溝墓や方形台状墓の埋葬主体ともなっているが，全体的にみて副葬品を伴うものはほとんどない。

（2）　木棺墓

　板材を組み合せて棺としたものであり，九州で

は，伯玄社遺跡をはじめとして，前期にすでにその存在が知られている。

2段に掘り込まれた土壙内に，側板と小口板で組み合わせたものが多い。底板はなく，側板と小口板は，棺底より深く埋め込まれているのが特徴と言えるであろう。

副葬品を伴うものはほとんど知られていない。

畿内の木棺は，その多くが方形周溝墓の埋葬主体として検出されている。棺材が残存しているものからみれば，材質はコウヤマキが圧倒的に多い。

九州で検出されているものと異なる点は，底板があることと，さらに底板と側板の両端に溝を彫り，小口板をはめ込んで固定していることである。

それぞれ系譜をどこにたどり得るのか今後の大きな問題であるが，いずれにせよ系譜を異にするものであることは確かであろう。畿内では前期にすでに木棺が存在していたことは十分予想されるところであるが，現在までのところ確実なものはない。中期のものが大多数であり，また後期後半のものもほとんど知られていない。

（3） 壺・甕棺墓

遺体を埋葬するために日常使用している甕を棺に利用したものは，すでに縄文時代にみられるものであり，小児用の棺と考えられている。

弥生時代になると壺を利用した棺の例が多くなり，ほぼ全国的にその出土例が認められている。大きさなどからみても，その多くが小児の埋葬に使用されたと考えられている。

北九州を中心に，中期に発達した甕棺は，日常使用する容器としてではなく，成人を埋葬し得る棺専用のものとして製作されたものであり，群在して墓地が形成されている。

甕に板や石で蓋をした単棺のものと，甕と甕，あるいは壺と甕とを合せ口にしたものとがある。

北九州の弥生文化を特徴づけている大陸製の鏡や青銅製の武器などは，そのほとんどが甕棺から出土しており，これらの青銅器や鉄器を副葬した甕棺墓地のあり方から，一定の地域内で政治的なまとまりのあったことが想定されている。

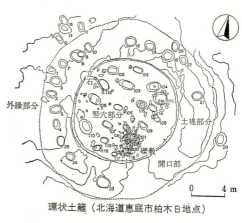

環状土籬（北海道恵庭市柏木B地点）

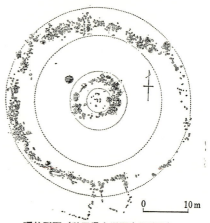

環状列石（秋田県大湯野中堂遺跡）

貝塚の埋葬人骨群（千葉県姥山貝塚）

図1　縄文時代後期の墓制

74

（4） 支石墓

地表下に埋葬主体として，土壙，木棺，甕棺，配石土壙，箱式石棺などを設け，小さな支石を配した上に，撐石と呼ぶ大石を置いたもので，その形態から朝鮮南部の碁盤形支石墓の系譜を引くものと考えられている。

その分布は，長崎県や佐賀県の北半部に集中し，東は山口県，南は熊本県におよんでいる。

土壙や箱式石棺を内部主体とするものが古く，夜臼式の段階からその存在が知られている。数基から十数基が群在する傾向がみられる。

甕棺を埋葬主体とする支石墓は，弥生時代前期末から中期前半にかけてみられるが，甕棺墓の中でも特殊なものとみられている。

配石土壙を埋葬主体とするものは，熊本県藤尾遺跡のように，支石墓の中心からはずれた地方にみられ，支石墓を構築した終末の時期に当るものと考えられている。

全体を通じて支石墓の副葬品は少なく，土器のほか，石鏃を伴う程度で，ほとんど副葬品と呼び得る遺物を伴っていない。

（5） 箱式石棺墓

数枚の板石を箱状に組み合わせ，木板や板石などを蓋としたもので，長さ1m内外の小型のものから，長さ3mにおよぶ大型のものが知られている。

弥生時代前期には，瀬戸内西岸から西北九州にかけてその分布がみられ，中期には広島県，熊本県，対馬にも分布が拡大する。

前期から中期の初めに小型壺が副葬品としてみられる例があるほかは，ほとんどの石棺に副葬品を伴うものはない。ただし，山口県梶栗浜遺跡では，多鈕細文鏡と細形銅剣，対馬塔の首3号墓では，広形銅剣と銅矛を副葬した例が知られているが，副葬品からみる限り，箱式石棺の中では特殊なものとみることができるようである。

（6） 方形周溝墓

一辺10m内外に方形または長方形に溝を周らし，中に埋葬主体として木棺墓や土壙墓を設けるもので，畿内では大阪府東奈良遺跡で前期中頃に属する例が知られている。

中期になると畿内全域の地域でその存在が知ら

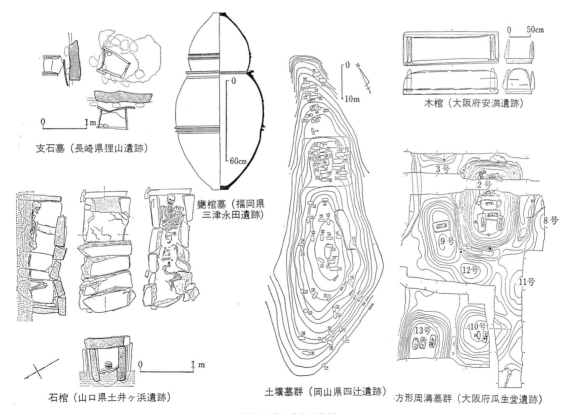

図2　弥生時代の墓制

75

れ，中期後半には北陸や東海地方にもその分布が及ぶ。

後期以降は南関東にまで及び，さらに北九州にもその例がみられる。

このように方形周溝墓は，現在までのところ弥生時代前期に畿内で出現し，次第に各地へ波及していったものとみられている。

現在までに発見されている方形周溝墓の多くは，溝を残すのみで，中には埋葬主体すら確認されないものもあるが，本来溝で囲まれた内側に盛土がなされ，その盛土内に埋葬主体が納っていたものが，後世削平されてしまった結果であろうと考えられる。

埋葬主体が確認されている例からみれば，中期前半では2〜3基とその数が少なく，溝を共有し連接して営まれている大阪府安満遺跡などの例があり，一方，中期中頃のものとしては瓜生堂遺跡第2号方形周溝墓のように，木棺を使用して埋葬された成人男女各々3体，小児を埋葬した壺・甕棺合計6基，壺・甕棺には納めきれない程度に成長した子供を埋葬したとみられる6基の土壙が検出されているものもある。

後期のものはその発見例は少ないが，単独で営まれ，埋葬主体も1〜3基と少ない傾向がみられるようである。

周囲に周らされた溝や，盛土を残すものではその肩部の近くから，底部近くに穿孔したり，一部を欠いたりした壺や甕，高杯などが検出されており，葬送儀礼の一端を知るための重要な資料と言える。

（7）　方形台状墓

丘陵の尾根を方形に削り出したり，わずかに盛土してつくられた墓で，弥生時代の中期末から後期にかけて，瀬戸内地域とくに吉備を中心にみられるものである。

内部主体としては土壙墓があげられるが，相互の切り合いの関係からみれば，木棺が使用されていたと考えられるものも多いようである。

山陰地方では，方形台状墓の四隅を突出させた特異な墓がみられ，この地方独特のものとして知られている。

3　縄文と弥生の葬制

以上，極めて簡単に縄文時代と弥生時代の葬制についてふれてきた。

縄文時代，弥生時代ともにその墓制は，当時の社会を反映したものであったと言える。

縄文時代早期の段階では，墓は生活の場に極めて近接した所に営まれており，このことは，後の縄文時代すべての時期を通じて認められることである。縄文時代早期の埋葬例が少ないことや，あっても数人程度のものでしかないのは，当時の生活が移動性の強いものであったことによるものであろう。

縄文時代前期以降，中央の広場を囲んで円形に住居を配する集落が営まれるようになり，中期〜後期には大規模化する。より安定した生活が営まれるようになった結果とみられている。墓は住居に近接して営まれているが，中期中葉以降は，集落内の一定の地区に集中する傾向がみられる。集中する傾向があるとはいえ，それはまだ集落の内部であって，生者と死者をはっきり分けているとは言えない。

縄文晩期には，明らかに集落を離れて墓地が設けられるようになるが，東日本で多く発見されている環状列石や環状土籠以外に，西日本でも円形に配された土壙墓や人骨の発見例があり，円形に住居を配する集落のあり方を反映したものと考えられている。いわば円環の論理とも言うべきもので貫かれているのであり，縄文時代の日本全国に及ぶものであったのであろう。

弥生時代の葬制は，先にもふれたとおり多様なあり方を示している。そのほとんどが前期の段階から認められるのであり，あるいは稲作農耕文化が一元的にもたらされたものでないことを示しているのかも知れない。

さらに弥生時代の葬制は，それぞれが単独に存在するのでなく，複雑に組み合わさって墓地が形成されているのであり，土壙墓，木棺墓，甕棺墓で構成されるもの，さらに箱式石棺墓や支石墓が加わるものなどがあり，畿内でも，方形周溝墓と土壙墓や木棺墓で構成されている墓地の例は多い。

北九州では大陸製の青銅器を副葬するものとそうでないもの，畿内では方形周溝墓とそうでない土壙墓や木棺墓が，階層差を表わしたものとしてとらえられている。

弥生時代の葬制が縄文時代と大きく異なる点はこういったことにあり，それはやはり当時の社会が墓制に反映している結果でもある。

縄文と弥生

人　骨

長崎大学医学部教授
内 藤 芳 篤
（ないとう・よしあつ）

縄文人は地域差が小さいが，弥生人には明確な地域差が認められ，
縄文人と酷似する弥生人といちじるしく異なる弥生人にわかれる

縄文人の形質は，地域的にも時代的にもあまり大きな差はなかったとされていたが，近年資料も増加し，貝塚のみでなく，洞穴からの出土例も多くなり，地域差，時代差あるいは遺跡の立地条件による差異も検討されるようになってきた。しかし縄文人の地域差については，現代日本人の地域差と同程度，またはそれ以下とされており[1]，縄文人特有の形質をもっていることも確かである。また時代差[2]や遺跡の立地条件による差異[3]も重要な問題ではあるが，現在のところ縄文後・晩期の貝塚から出土した人骨が圧倒的に多く，次の弥生時代に続く時期でもあるので，ここでは九州の後・晩期貝塚から出土した人骨を縄文人骨として取り扱うことにする。

弥生人については，出土人骨の大部分が九州およびその隣接地方から得られたもので，地域的に偏っている。しかし同地方においてはかなり多くの弥生人骨が出土し，明らかに地域差が認められているので[4]，ここでは北部九州・山口と西北九州の2型に分けて考えたい。

1　縄文人骨および弥生人骨の一般的形状

（1）縄文人骨（図1）

（1）脳頭蓋の長さや幅が大きく，外見上大頭である。頭型は中頭に属しているが，変異の幅はかなり大きい。

（2）顔面頭蓋では縄文人特有の形態が見られる。眉間から眉上弓にかけて隆起し，鼻根は深く陥没しており，鼻骨は広くて高く，鼻筋がよく通っている。すなわちホリの深い顔である。

（3）顔面の形は低・広顔の傾向が強く，寸詰まりであり，頬骨が外側に張り出し，頑強な感じである。

（4）歯は整然と並び，ムシ歯が少なく，歯の咬合は上・下顎の切歯先端が咬み合う鉗子状咬合である。また風習的抜歯の例が見られる。

（5）四肢骨は，一般に短くて，太く頑丈であり，上腕骨や脛骨は扁平で，大腿骨には柱状形成

が見られる。

（6）推定身長は一般に低く，男性では 160 cm 以下，女性では 150 cm 以下の例が多い。ピアソン（Pearson, K.）の公式を用いて，右側大腿骨から算出した推定身長の平均値は，津雲縄文人が 159.93 cm（男性），147.32 cm（女性），吉胡縄文人が 158.93 cm（男性），147.69 cm（女性）であり，また九州各地から出土した縄文人男性 21 例の平均は 159.47 cm であった。

（2）弥生人骨

1）北部九州・山口の弥生人骨（図2）

（1）脳頭蓋の諸径は，比較的大きく，縄文人と大差はないが，縄文人の場合は身長が低いので比較的大頭ということができる。頭型は中頭に属している。

（2）顔面頭蓋は縄文人と非常に異なり，眉間・眉上弓，鼻根などの隆起や陥没が弱く，扁平である。

（3）顔面の形は，幅径では縄文人と大差はないが，高径がいちじるしく高く，高顔の傾向が強い。

（4）歯の咬合は，上・下顎の切歯が前後にかさなる鋏状咬合が多くなる。また風習的抜歯は，北部九州の甕棺人骨群ではほとんど見られなくなるが，山口の土井ヶ浜などでは依然として認められる。

（5）四肢骨は長くて，縄文人に見られるような扁平性や柱状形成の傾向は弱くなり，断面は丸くなる。

（6）推定身長は縄文人より高く，男性では 162 〜163 cm，女性では 150〜152 cm である。土井ヶ浜弥生人では 162.81 cm（男性），149.97 cm（女性），三津弥生人では 161.93 cm（男性），151.91 cm（女性）である。

2）西北九州の弥生人骨（図3）

（1）脳頭蓋の諸径は，身長の割りには大きく，頭型は中頭に属している。

（2）顔面頭蓋では，眉間・眉上弓，鼻根，鼻骨

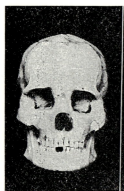

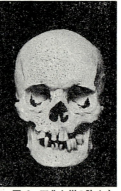

図1 九州の縄文人　　図2 北部九州・山口の　　図3 西北九州の弥生人
　　　　　　　　　　　　　弥生人

などに縄文人と同じような特有の形態を表わしている。すなわち外見上縄文人と酷似し，北部九州・山口弥生人が扁平であるのといちじるしく異なり，一見して判別できるほどの違いがある。

(3) 顔の形は，幅径の割りに高さが低く，寸詰まりである。

(4) 歯の咬合は鉗子状咬合の例が多く，また風習的抜歯が見られる。

(5) 四肢骨は，短くて太いが，扁平性の傾向は縄文人より弱い。

(6) 身長は低く，縄文人と近似しているが，北部九州・山口弥生人よりかなり低い。推定身長の平均は 158.79 cm（男性），147.91 cm（女性）である。

2 縄文人骨と弥生人骨の比較

(1) 頭蓋

九州縄文人（以下「縄文人」と略す），北部九州・山口の土井ヶ浜弥生人[5]（以下「土井ヶ浜人」），三津弥生人[6]（以下「三津人」）および西北九州弥生人（以下「西北九州人」）の男性における比較成績は表1に示すとおりであるが，縄文人とのあいだに有意差のある弥生人の項目には＊印をつけている。

脳頭蓋　頭蓋最大長においては，縄文人は弥生群よりも大きく，土井ヶ浜，西北九州人とのあいだには有意差がある。最大幅ではあまり大きな差はないが，土井ヶ浜人がやや小さい。バジオン・ブレグマ高でも縄文人は弥生群より大きく，土井ヶ浜人とのあいだに有意差がある。示数値においては，頭蓋長幅示数では縄文人 (76.87) がもっとも小さく，土井ヶ浜 (78.1)，三津 (78.45)，西北九州人 (79.17) の順となり，縄文人は弥生群より多少長頭に傾いているが，いずれも頭型は中頭であり，いちじるしい差ではない。また頭蓋長高，

表1　頭蓋計測値の比較（男性）

		九州縄文人			土井ヶ浜弥生人			三津弥生人			西北九州弥生人		
		n	M	σ	n	M	σ	n	M	σ	n	M	σ
1.	頭蓋最大長	9	189.11	6.37	52	182.8*	6.61	15	184.73	5.99	21	182.81*	5.40
8.	頭蓋最大幅	9	145.22	4.24	54	142.6	4.04	10	145.60	4.62	20	144.95	3.93
17.	バジオン・ブレグマ高	5	138.80	3.56	43	134.7*	4.26	12	136.83	5.35	15	134.60	4.74
8:1	頭蓋長幅示数	9	76.87	3.45	48	78.1	3.43	10	78.45	2.41	20	79.17	2.77
17:1	頭蓋長高示数	5	73.68	3.41	42	73.7	2.77	11	74.18	3.23	15	74.15	3.18
17:8	頭蓋幅高示数	5	95.61	1.87	43	94.3	3.80	9	94.89	4.93	14	93.11	3.37
45.	頬骨弓幅	3	142.33	6.81	27	139.4	4.03	6	142.41	3.83	12	138.42	2.57
46.	中顔幅	6	103.83	4.26	37	103.4	3.89	10	104.30	5.44	17	105.00	2.64
47.	顔高	6	114.00	4.52	36	123.4*	3.04	10	125.00*	4.85	14	117.07	3.95
48.	上顔高	6	56.50	4.51	35	72.4*	2.00	13	74.54*	3.97	17	68.06	2.92
47:45	コルマン氏顔示数	3	81.31	1.81	24	88.5*	1.80	4	89.95*	2.65	12	84.60	3.21
47:46	ウイルヒョー氏顔示数	6	109.82	2.50	34	119.3*	3.74	8	121.58*	3.88	14	111.78	4.33
48:45	コルマン氏上顔示数	3	47.82	1.60	21	51.9*	1.15	5	53.05*	3.09	12	49.31	2.32
48:46	ウイルヒョー氏上顔示数	6	63.38	1.79	31	70.0*	2.50	9	71.65*	2.94	17	64.84	2.94
51.	眼窩幅（左）	5	43.60	2.30	38	42.7	1.44	14	42.93	1.61	15	43.07	1.48
52.	眼窩高（左）	5	32.60	1.67	40	34.2*	1.06	13	35.25*	2.09	15	32.80	1.31
52:51	眼窩示数（左）	5	74.97	5.86	38	80.1*	3.11	13	82.45*	5.42	15	76.18	2.23
54.	鼻幅	5	25.80	1.84	38	27.1	1.68	13	27.15	1.37	16	27.75*	1.61
55.	鼻高	5	50.80	3.77	39	53.1*	2.11	14	53.00	2.15	16	51.00	2.06
54:55	鼻示数	5	51.01	4.16	36	51.0	3.09	13	51.38	3.06	16	54.41*	2.17

＊ 九州縄文人に対する有意差 (0.05)（単位　mm）

幅高示数では比較的近似している。

顔面頭蓋 頬骨弓幅においては，縄文人，三津人が多少大きく，また中顔幅では西北九州人がやや大きいが，これら幅径においては縄文人と弥生群とのあいだに有意差はなく，比較的近似している。顔高，上顔高においては，縄文人，西北九州人は小さく，土井ヶ浜，三津人は大きく，縄文人と土井ヶ浜，三津人との差はいずれも有意である。したがって顔示数，上顔示数においては，大きな差が認められ，縄文人，西北九州人は小さく，土井ヶ浜，三津人は大きい値を示し，縄文人と土井ヶ浜人，三津人とのあいだにはそれぞれ有意差がある。すなわち計測値の上からも縄文人と西北九州人は低顔の傾向が強く，土井ヶ浜，三津人は高顔の傾向が強く表われている。

眼窩においても顔面全体の形に相応し，眼窩幅では大きな差はないが，眼窩高，眼窩示数では，縄文人，西北九州人は小さく，土井ヶ浜，三津人は大きな値を示し，これら両項目においては縄文人と土井ヶ浜，三津人との間に有意差がある。

鼻部においては，鼻幅では縄文人は弥生群より小さく，西北九州人との差は有意である。鼻高においては，他の顔面高径と同じように縄文人，西北九州人は小さく，土井ヶ浜，三津人は大きい。鼻示数では西北九州人が多少大きくなり，縄文人とのあいだに有意差がある。

（2）四　肢　骨

四肢骨の長厚示数，断面示数の男性における比較成績は表2に示すとおりである。

長厚示数 上腕骨においては，西北九州人，縄文人が大きく，三津，土井ヶ浜人の順となるが，縄文人と土井ヶ浜人との差は有意である。

大腿骨では，三津人がもっとも大きく，縄文人，西北九州人の順となり，土井ヶ浜人がもっとも小さく，縄文人と土井ヶ浜人との差は有意である。

脛骨においても三津人がいちじるしく大きく，西北九州人，縄文人の順となり，土井ヶ浜人がもっとも小さく，縄文人と三津人とのあいだには有意差がある。

以上のように長厚示数から見ると，縄文人，西北九州人は上腕骨が太く，三津人は大腿骨，脛骨など下肢骨が太いが，土井ヶ浜人は上腕骨，下肢骨ともに細い。

断面示数 上腕骨においては，縄文人は弥生群より小さい値を示し，扁平性の強いことを表わしており，縄文人と土井ヶ浜，三津人とのあいだにはそれぞれ有意差がある。

大腿骨では，西北九州人，縄文人が大きく，土井ヶ浜人がこれに次ぎ，三津人がもっとも小さい値を示している。

脛骨では，縄文人がもっとも小さく，扁平性を表わしているが，土井ヶ浜，三津人は大きくて非扁平であり，西北九州人はこれらの中間値を示している。縄文人と三津人のあいだには有意差がある。

すなわち断面示数から見ると，縄文人は上腕骨，下肢骨ともに扁平性が認められ，西北九州人は下肢骨に扁平性をとどめているが，土井ヶ浜，三津人は扁平性や柱状形成の傾向は弱い。

（3）偏差折線

縄文人男性の頭蓋主要計測値および示数合計20項目を基準として，土井ヶ浜，三津および西北九州人の偏差折線を描くと，図4に示すとおりである。

縄文人に対する土井ヶ浜，三津人の偏差折線を見ると，その振れ方がまったく同じパターンを示している。すなわち脳頭蓋では，頭蓋最大長，バジオン・ブレグマ高が縄文人より小さいので負側に多少振れているが，大きな差異ではない。顔面

表 2　四肢骨の長厚示数・断面示数の比較（男性）

				九州縄文人			土井ヶ浜弥生人			三津弥生人			西北九州弥生人		
				n	M	σ	n	M	σ	n	M	σ	n	M	σ
長厚示数	7：1	上　腕　骨		8	22.49	1.24	18	21.2*	1.47	4	22.00	2.16	14	23.24	0.82
	8：2	大　腿　骨		6	21.03	0.61	7	20.1*	0.68	5	22.45	1.41	15	21.33	0.83
	10 b：1	脛　　　骨		5	21.98	0.97	8	21.4	1.13	3	25.45*	1.00	9	22.31	0.80
断面示数	6：5	上　腕　骨		8	70.65	6.41	54	76.1*	6.02	13	76.45*	4.81	18	75.15	5.48
	6：7	大　腿　骨		6	112.83	7.31	55	109.8	9.22	13	105.91	9.61	19	114.05	7.65
	9：8	脛　　　骨		5	65.60	3.83	47	70.5	5.88	12	71.62*	4.91	16	68.34	4.93

* 九州縄文人に対する有意差（0.05）

頭蓋では，幅径は差が小さいが，高径および示数では大きく正側に振れており，その差異が明らかに表われている。

西北九州人の偏差折線は，脳頭蓋では土井ヶ浜，三津人と同じような振れ方をしているが，顔面頭蓋では土井ヶ浜，三津人のそれと異なり，折線の振れは小さく，縄文人とよく近似していることを表わしている。

（4）形態距離

頭蓋の計測値を総合的に判断するために，男性における主要 11 項目について，九州縄文人と各地の縄文人（東北[7]，関東[8]，吉胡[9]，津雲[10]），土井ヶ浜，三津，西北九州の弥生人とのペンローズ（L. S. Penrose）による形態距離を算出して，図示すると図5に示すとおりである。

九州縄文人に対して，他地方の縄文人はいずれも小さい値を示し，地理的遠近のとおりに津雲，吉胡，関東，東北縄文人の順となる。弥生群では，西北九州人は比較的小さいが，土井ヶ浜，三津人は大きな値を示している。すなわち縄文人の地域差よりも，九州の縄文人と弥生人との差ははるかに大きく，とくに北部九州・山口の土井ヶ浜，三津人との差は著明である。

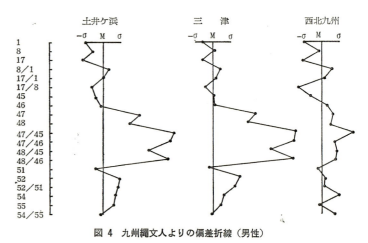

図4 九州縄文人よりの偏差折線（男性）

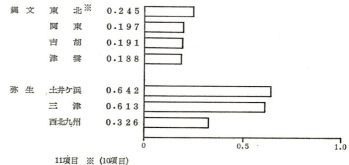

11項目 ※（10項目）

図5 九州縄文人よりの形態距離（男性）

3 要　約

縄文人は，地域差が小さく，顔面に特有の形態を表わし，低身一低・広顔で，四肢骨には扁平性や柱状形成の像が見られる。

弥生人は，明らかに地域差が認められ，北部九州・山口の弥生人は，縄文人といちじるしく異なり，顔面は扁平で，長身一高顔であり，四肢骨の扁平性や柱状形成は見られない。西北九州弥生人は，頭蓋では外見上も計測値の上からも縄文人と酷似し，低身一低顔であるが，四肢骨の扁平性は縄文人より弱く，時代的変化をうかがわせる。前者は，金関[11]の提唱した渡来者の遺伝的影響を受けたと推測される弥生人であり，後者は縄文人から継続した弥生人であろうと理解されているものである[12]。

註
1) 山口　敏「縄文人骨」縄文文化の研究，1，1982
2) 小片　保「縄文時代人骨」人類学講座，5，1981
3) 池田次郎「海と山の縄文人―形態の地域差と時代差」日本史の黎明，六興出版，1985
4) 内藤芳篤「西北九州出土の弥生時代人骨」人類学雑誌，79―3，1971
5) 金関丈夫・永井昌文・佐野　一「山口県豊浦郡豊北町土井ヶ浜遺跡出土弥生時代人頭骨について」人類学研究，7―附録，1960
6) 牛島陽一「佐賀県東脊振村三津遺跡出土の弥生時代人骨の人類学的研究」人類学研究，1―3・4，1954
7) 百々幸雄「東北縄文人男性の頭蓋計測」人類学雑誌，90―別号，1982
8) Suzuki, H. "Microevolutional changes in the Japanese population from the prehistoric age to the present day". J. Fac. Sci. Univ. Tokyo, Sce. V, 3―4, 1969
9) 金高勘次「吉胡貝塚人々骨の人類学的研究　第1部頭蓋骨の研究」人類学雑誌，43―附録，1928
10) 清野謙次・宮本博人「津雲貝塚人々骨の人類学的研究　第2部頭蓋骨の研究」人類学雑誌，41―3，4，1926
11) 金関丈夫「弥生時代人」日本の考古学Ⅲ，1966
12) 内藤芳篤「弥生時代人骨」人類学講座，5，1981

埼玉県夫婦岩岩陰出土の弥生前期の人骨

■ 橋口尚武・石川久明
 都立秋川高校教諭　越生町教育委員会

　夫婦岩岩陰遺跡は，埼玉県の南西部，入間郡越生町大字津久根字夫婦岩に所在する。町内では山地裾部，丘陵部を中心に縄文時代・平安時代の集落跡，中世の館城跡など，88カ所の遺跡が確認されているが，表面踏査では遺跡の発見が困難な山地が町域の7割を占める。夫婦岩岩陰遺跡は，山地内を開析する小谷の上流・海抜約200mに位置する。遺跡の後方に屹立する岩壁から崩落した一辺10m以上の巨大なチャートの岩塊が，谷川を挟んで対峙し，上下2カ所の岩陰を形成している。すでに，地元住民により若干の遺物が採集されていたが，昭和59年度に行なった遺跡詳細分布調査の際に遺跡の存在を確認した。今回の発掘調査は，ゴルフ場造成工事に伴う記録保存のための緊急発掘調査として，昭和62年度に調査会を設置して実施したものである。

1 調査の概要

　上部岩陰（B地区）については数点の時期不明の土器片が得られたものの，落盤による岩や流れ込みによる礫の堆積が顕著なため遺物包含層は把握できず，調査を中途で断念せざるを得なかった。下部岩陰（A地区）の北側からも遺構，遺物はほとんど検出されていない。以下，A地区東側岩陰の調査成果について述べる。

　岩陰の覆冠部は南北10m，東西（奥行）3.5m，面積約30m²である。岩陰は谷底に向かって緩傾斜しており，岩陰中央部と現河床面との比高差は約2.5mである。遺物包含層は南方斜面からの流入土により構成されており，また，繰り返し利用による人為的な"掻き出し"のために層相の把握が困難で，各文化層を面的に明確に捉えることはできなかった。検出遺構は，縄文早期後半の炉穴6基，各時期および時期不明の焼土集積十数カ所である。

　出土遺物は，縄文各期，弥生前・中期，平安期の土器片が合計約1,000点，石器類，人骨，動物遺存体などである。縄文早期茅山期，前期関山期，諸磯期のものが最も多く，時期による土器の出土量には多寡がある。例えば，この地域周辺で濃密な遺跡の分布を見せる縄文中期の資料はわずかに数点が得られているのみである。岩陰の生活史を復元するうえで考慮すべき事実であろう。

2 出土遺物

　現在，整理作業に着手したばかりであるが，代表的な遺物の一部を取り上げ，説明を加えたい。

　縄文晩期最終末～弥生前期・弥生中期土器の図2–1（口絵写真前列右）は波状口縁の小型深鉢で，口径9.8cm，高さ12.4cmである。口縁部の浮線文は口唇の隆起帯とともに彫刻手法で4単位描かれ，胴部には地文に細かい単節縄文を施文し，鋭利な半截竹管状工具による3段の羽状細沈線文が施される。他にも数点，同様の浮線文土器の小破片が出土している。好比較検討資料として近隣の入間郡日高町の出土例がある[1]。

　丸底小型浅鉢（口絵写真前列中央）は，16.5cm×12.5cmの楕円形の上面観を呈し，最大高は7.3cm。口唇端部に8個（現存4個）の弁状突起が付され，側面に懸垂用の小孔が穿たれている。内外面とも丹念に研磨調整され，口縁部外周を巡る凹部には微かに赤色顔料が付着している。上記2点は岩陰の中央奥壁寄りで重なって検出された。

　図2–2（口絵写真前列左）は，深鉢の口縁および胴上半の接合片で，推定口径は20.8cm。口縁部に指頭による太めの波状沈線が2条描かれ，以下櫛歯状工具による細密な条痕を地文に粗雑な稲妻状の沈線文が垂下する。本遺跡では確認できなかったが，同種の土器は長野県の氷遺跡，林里遺跡などで浮線文土器と共伴している[2]。

　図2–3（口絵写真後列中央）は，調査区北端の傾斜部

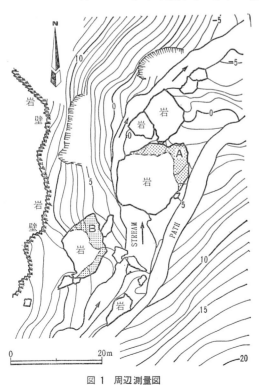

図1　周辺測量図

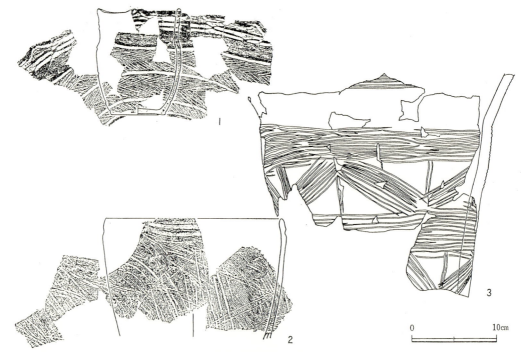

図 2　出土土器実測図

で出土した大型深鉢である。全体の器形，文様構成は不明であるが，半截竹管による変形工字文風のモチーフが展開し，頸部無文帯を挟んで口縁部には集合沈線が囲繞する。

口絵写真後列右の土器は中期須和田式土器後半期に比定されよう。緩やかな波状の口縁部から地文の縄文が施され，沈線による口縁部区画文様帯，波状沈線文を伴う胴部矩形区画帯が展開する。推定口径は 15 cm。県下では行田市池上遺跡などに類例が求められる。

3　人　骨

岩陰中央部，表土下約 80 cm に 1 体埋葬され，頭位が傾斜に沿った南向きの仰臥屈葬で，手は顔面の前で組んでいる。頭骨，四肢骨とも良好な遺存状態である。「一次埋葬，成人男性と推定され，歯の損耗度などから少なくとも歴史時代以前」，という山口敏氏の現地鑑定結果を得ている。シジミ，敲石，時期不明の土器小片が伴出している。また，未鑑定であるが人骨の左肘付近から海産貝の小破片が検出されており，腕輪？であるとすれば，一つの有力な時期比定材料となろう。土壙のプラン，掘込み面は不明確で，周辺の遺物の出土状況などの層位的な検討も不十分であるが，1) 土壙は明らかに縄文早期の炉穴の確認面より上位，縄文前期の土器片が集中するレベルよりも高いレベルから掘り込まれていること，2) 人骨埋葬地点の周辺全体が浮線文系土器の検出レベル付近から掘り込まれていることが考えられること，などから本人骨が"弥生時代前期"の所産である可能性があることを述べておきたい。

4　動物遺存体

長径約 18cm の大型のアワビ，シカの角，カモシカの幼獣下顎骨，イノシシの犬歯は人骨の数 10 cm 上位で集中して検出された。あえて人骨との係わりに言及すれば，ある種の埋葬祭祀的な儀礼が行なわれたことも考えられる。他にも，いずれも岩陰中央部から，焼土に伴う焼骨片を含む大小多数の獣骨片，貝の遺骸が出土している。また，殻頂部が研磨穿孔されている口絵写真左上のハマグリ以外には，骨角器，加工痕のあるものは確認していない[3]。

5　おわりに

埼玉県内では，秩父郡域を中心に早くから岩陰・洞穴遺跡の調査が進められているが，そのほとんどは石灰岩の浸蝕洞である。本遺跡のような形成要因による岩陰遺跡の調査例は全国でもそう多くはないであろう。

期待していた"層位的な"発掘は実現できなかったが，県内には数少ない弥生文化伝播期の資料が得られたことは，予想していなかっただけに大きな成果である。人骨に関する形質人類学的な分析は，専門家の手に委ねることになっており，慎重な資料操作を経て帰属時期についての説得力のある推論を提示したいと考えている。

註
1)　埼玉県『新編埼玉県史　通史編1』1986
2)　設楽博己「中部地方における弥生土器の成立過程」信濃，34—4，1982
3)　動物遺存体の鑑定は，金子浩昌氏による。

●最近の発掘から

弥生中期の再葬墓群——埼玉県横間栗遺跡

金子正之　熊谷市教育委員会

1 調査の概要

横間栗遺跡は埼玉県熊谷市大字西別府字横間栗に所在し，ＪＲ籠原駅の北方約 2.5 km の所に位置する。遺跡の存在する別府は，市域の北西にあたり，南側は櫛挽台地，北側は妻沼低地からなる。遺跡は妻沼低地南端の自然堤防上に立地し，標高約 29m を測る。

本遺跡の周辺には弥生時代中期の遺跡が多くみられ，深谷市上敷免遺跡[1]，妻沼町飯塚遺跡[2]・飯塚南遺跡[3]，岡部町四十坂遺跡[4]，熊谷市三ヶ尻上古遺跡[5]・池上遺跡[6]・池上西遺跡[7]などがある。

今回の調査は，熊谷市立のゴミ処理場建設に伴う第2次調査であり，昭和62年7月から11月にかけて実施された。第1次調査は昭和62年1月～3月にかけて行なわれ，縄文時代後期の埋甕（加曾利B期）・土器の包含層，古墳時代前期の住居跡・溝跡などが検出された。その際，弥生時代中期の土器片が若干出土しており，同時期の遺構の存在が予想されていた。

第2次調査は，第1次調査の未調査部分を発掘し，弥生時代中期の再葬墓13基，古墳時代前期の住居跡1軒，土壙79基，ピット21個，溝跡22本，火葬墓1基などが検出された。再葬墓は調査区東南部で自然堤防の先端において検出され，壺・小型壺・甕・小型甕・鉢・筒形土器・コップ形土器・瓢箪形土器・砥石・管玉・磨石・人骨などが出土した。

今回の報告は，整理調査がまだ行なわれていないので，再葬墓の検出状態について現段階で確認できたことについて記したく，13基の再葬墓のうち，出土状態の良好な9基について下記のとおり報告する。

2 再葬墓について

再葬墓は，自然堤防の東側で11基，その再葬墓群の西側約20mの所で2基，計13基が検出された。

1号再葬墓 再葬墓群の南端で発見され，墓壙の覆土上部に川原石が置いてあり，他の再葬墓とは異なっていた。墓壙は楕円形を呈し，85×75cm の大きさで，深さは65cm を測る。壺形土器は墓壙の東側に直立した状態で出土し，口唇部は押捺され，口縁部は押捺隆帯が3本貼付されており，胴部は斜位の条痕が施されている。底部は網状底であり，内面には木の皮のようなものが敷かれていた。人骨は，壺の中および墓壙内から出土し，

それぞれの関係が興味深い。

2号再葬墓 1号再葬墓の北方約5m の所で検出された。墓壙は隅丸方形を呈し，大きさは1.1×1.05mを測り，深さは30cm である。壺形土器が4点出土し，西側の土器（図1―1）は口縁部が欠損し北西向きに倒れていた。南側の2点の土器（図1―2・3）はほぼ完形で南西向きに倒れていた。北側の土器（図1―4）は口縁部と胴部が離れて検出された。1の壺は縦走羽状文・横位の平行線文・波状文が施文され，波状文の中には縄文が施されている。底部は木の葉底で焼成後の穿孔がなされている。2の壺は口縁部に隆帯が貼付され縄文が施文される。頸部にX字状の文様，平行沈線が施され，胴部には同心円連繋文があり，それぞれの区画内に縄文が施文されている。底部は焼成後の穿孔がある。3の壺は口縁部に隆帯が貼付され，縄文があり，口唇部は押捺されている。頸部から胴部にかけて重方形文・波状文・渦巻文・平行沈線などが施文され，縄文および列点が部分的に施されて自由奔放な表現が行なわれている。4の壺は口縁部に隆帯が貼付され縄文が施文される。隆帯下端には刻みが施されている。頸部に縦走羽状文・平行沈線が施され，胴部は地文に縄文が施文され，長方形の沈線区画が縦位と2条の横位のものとが交互に繰り返している。沈線区画内には平行沈線がある。底部は網代底である。

3号再葬墓 2号再葬墓の北側に検出された。墓壙は楕円形を呈し，大きさは60×52cm で，深さ約30cm を測る。壺形土器は西向きに倒れて検出され，土器内から小型の壺形土器が3点出土した。壺は，小型壺を入れるためか口縁部から頸部にかけ故意に打ち欠かれていると思われる。壺は，頸部に横位の羽状文が施され，胴部は横位の条痕がみられる。

小型壺は瓢箪形土器・長頸壺・広口壺の3種であり，瓢箪形土器は赤彩され，木の葉底である。長頸壺は口縁部と胴部に縄文が施文され，胴部は長方形の沈線と列点が交互に繰り返し，底部は木の葉底である。広口壺は口縁部に隆帯が貼付され，底部は十字状の平行沈線があり，縄文が施文されている。

8号再葬墓 2号再葬墓の南西約2m の所で，43号土壙と複合して検出された。墓壙は楕円形を呈し，大きさは約90×77cm で，深さは36cm を測る。甕形土器が口縁部を東に向け横位の状態で出土し，甕の上には小

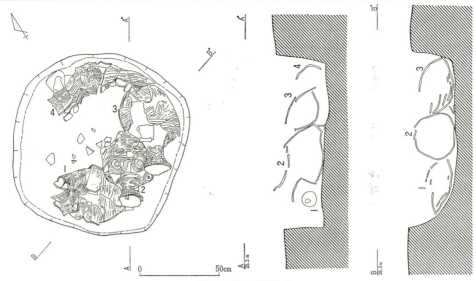

横間栗遺跡 2 号再葬墓

型壺2点・小型甕1点・コップ形の土器1点があった。甕の中からは管玉2点と人骨が検出された。甕は口唇部が押捺され、口縁部は縄文を地文として、横位の沈線と波状文が施される。胴部上半は縄文を地文とし、2条の沈線による菱形文が横位に連繋している。胴部下半は縦位の条痕が施されている。

小型甕とコップ形土器は磨消縄文が施文され、小型壺は地文を縄文として、円形文・山形文・三角文などが描かれている。

9号再葬墓 2号再葬墓の北側3mの所に検出された。墓壙は不整楕円形を呈し、大きさは62×55cmで、深さ35cmを測る。2点の壺形土器が口縁部を北西に向け、斜めになった状態で出土した。東側の土器は、縦走羽状条痕と、横位の条痕が施され、西側の土器は口縁部に刻みを有する隆帯が貼付され、横位と縦位の平行沈線、連弧文が施文されている。

10号再葬墓 9号再葬墓の南東に検出された。墓壙はほぼ円形を呈し、大きさは38×35cm、深さは36cmを測る。口縁部を欠損した壺形土器が直立し、その上に筒形土器が北東向きに横位の状態で出土した。壺は胴部上半に縄文を地文とした横位の平行沈線と同心円文が交互に繰り返されており、胴部下半は櫛描きの条痕が横位または斜位に施されている。底部は網代底である。筒形土器も口縁部が欠損しており、胴部上半は縄文を地文とし、山形文と横位の平行沈線が施文されている。胴部下半は縦位に篦ナデされ、底部は網代底である。

11号再葬墓 6号再葬墓とともに、他の再葬墓群の西方約20mの所に検出された。墓壙は検出されず、壺形土器が直立した状態で出土した。口縁部は欠損しており、肩が張り、底部は小さい。胴部上半は横または斜位の条痕、胴部下半は縦または斜位の条痕が施されている。底部は焼成後穿孔され、木の葉底である。

12号再葬墓 1号再葬墓の北約2mの所に検出され、60・61号土壙と複合していた。墓壙は楕円形を呈し、大きさは約1.4×1.1mで、深さ約40cmを測り、壺形土器が2点検出された。1点は口縁部を北東に向け倒れて出土し、口唇部に押捺を有し、横位と縦位の櫛描き平行沈線が施されている。もう1点は直立して出土し、口唇部に刻みを有し、横位と縦位の篦描き平行沈線が交互に施文されている。底部は網代底である。

13号再葬墓 12号再葬墓の北側に検出され、60号土壙と複合していた。墓壙の形は長方形を呈すると思われ、大きさは約90×75cmで、深さは45cmを測り、壺形土器が2点検出された。1点は口縁部を北西に向け倒れて出土し、口唇部に押捺を有し、櫛描きの山形文や横位の平行沈線が施されている。この壺の中からは小型鉢形土器が出土した。もう1点は胴部上半に弧を描くように横位に条痕が施され、胴部下半は斜位に条痕が施されている。底部は木の葉底である。

以上のように9基の再葬墓の検出状態および出土土器について述べたが、今後整理を進め遺跡の性格、出土土器の系譜などを検討していきたい。

註
1) 庄野靖寿・蛭間真一『上敷免遺跡』1978
2) 増田逸朗「飯塚遺跡」埼玉県土器集成 4、1976
3) 荒川　弘『妻沼西遺跡群Ⅰ』1981
4) 栗原文蔵「四十坂遺跡の初期弥生式土器」上代文化、30、1960
5) 高山清司ほか「三ヵ尻上古遺跡」埼玉県土器集成 4、1976
6) 中島　宏ほか『池守・池上』1984
7) 宮　昌之ほか『池上西』1983

2号再葬墓

弥生中期の再葬墓13基が出土した
埼玉県横間栗遺跡

埼玉県熊谷市大字西別府に所在する横間栗遺跡で、弥生時代中期の再葬墓が13基検出された。1つの墓壙に4点の壺形土器が埋納され、砥石・管玉などが出土したり、壺形土器の中に小型壺形土器が入れてあるもの、甕形土器の上に小型壺形土器・小型甕形土器・コップ形土器が置かれてあるものなど良好な資料が出土し、埼玉県における再葬墓研究の基準資料になると思われる。

▲1号再葬墓

◀3号再葬墓

構　成／金子正之
写真提供／熊谷市教育委員会

埼玉県横間栗遺跡

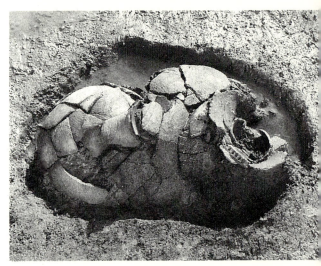
9号再葬墓

10号再葬墓

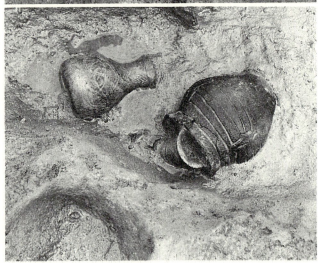
8号再葬墓

13号再葬墓

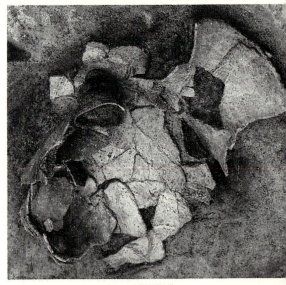
13号再葬墓

連載講座
日本旧石器時代史
8. 後期旧石器時代のくらし(1)

文化庁文化財調査官
岡村 道雄

　当時のくらしぶりを究明するには，これまで以下のような方法がとられてきた。自然環境とくに動・植物相についての研究成果を援用して食料源について類推する，残された道具の機能を明らかにしそれらの組合わせの意味を探る，さらに遺跡内において道具類が残された位置や遺構との関係を捉えて人びとの行動型を知る，遺構を積極的に捜しそれらの使われ方を解明する，産地の特定できる石器の原料（黒曜石，サヌカイトなど）の分布状態や特殊なタイプの石器の分布状態から人びとの移動や交易について明らかにする，また遺跡の分布状態から居住様式について明らかにするなどの方法があり，これらを総合的に検討しなければならない。

　これまで日本の旧石器時代研究は，編年研究が主要なテーマであり，この方面の追究はきわめて立ち遅れていた。しかし，ようやく野川・月見野遺跡の発掘以後は，開発に伴う事前調査ではあるが大規模な発掘調査が実施され，遺跡内に残された各種の情報が面的に把握されるようになった。旧石器時代遺跡の発掘といえば石器，礫，炭粒の出土位置図作りを連想するほどとなった。そして，まとめきれないほど多量な情報が蓄積されてきたが，今のところこれについての説得力のある解釈・説明は少ない。

● 遺跡の分布 ●

1. 分布論の目的と前提

　遺跡の分布は，当時の人間活動の軌跡である。居住地を選定するためには，陽当り，水はけ，植生，災害からの隔離，地形の安定性などの住環境と，水，食料源，道具の原料入手などの生活環境，他集団との関係などの社会的環境が総合的に考慮される。また一般論として集団は，移動する場合と定住する場合とがある。移動する場合でも移動の契機，規模，サイクルはさまざまであり，定住の場合も季節的な生業・原料の入手などを契機とした部分的な移動が考えられる。したがって，遺跡の分布と遺跡の内容・性格をさまざまな角度から分析することによってその背景にある集団の規模，居住性，集団間の結びつき，生業や移動のシステムなどについて具体的に復元できる可能性がでてくる。

　ただし，分布論には，いくつかの陥穴がある。分布調査の地域的疎密や精度のバラツキ，研究者の有無や認識程度の差，成果の公表の有無，あるいは遺跡・遺物の残され方の違いが，その結果に大きく影響することを考慮しなければならない[1]。

2. 遺跡の立地と遺跡群

　日本の後期旧石器時代の遺跡は，洞穴や岩陰に残されることはきわめて少ない。通常は台地上に残される。これを開地遺跡（オープンサイト）という。ちなみに細石器文化期の遺跡は全国で482か所あり，このうち岩陰・洞穴遺跡は，長崎県福井，同直谷，大分県聖嶽の3例だけであり，全体の1％にも満たない[2]。ナイフ形石器文化期においても，福井洞穴，大分県川原田洞穴だけであり，さらにその比率は低い。岩陰・洞穴は，山地や丘陵部に多いが，そこには開地遺跡も存在せず，当時の人びとが，それらの地域をほとんど利用しなかったことが窺える。

　各遺跡については，これまで標高，最も近い谷からの比高，最も近い川からの距離，微地形と立地，地形面の方向，遺跡の規模（立地する平坦面の広さ，遺物散布範囲[3]），時期と生活面数，あるい

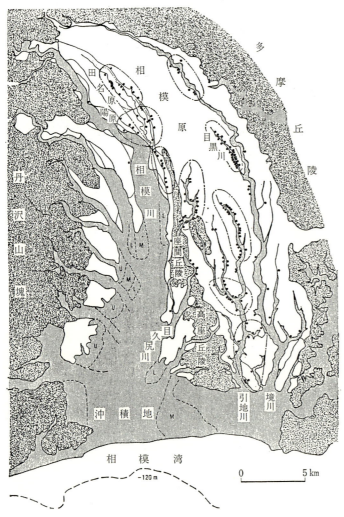

図 22　川筋に沿って分布する小遺跡群
（相模野台地，註 8）に加筆・修正）

は現海岸や当時の推定海岸からの距離[4]，などについて分析されている。それによると遺跡は，河川から 4km 以内くらいの距離の範囲内にあり，台地上に営まれることが多い。標高や谷からの比高には特別な傾向はないが，遺跡群からやや離れて点在する遺跡の中には，標高が高い丘陵の頂部にある狭い面に小規模で単一時期に残された遺跡があるという[5,6]。また台地上にある遺跡の立地を細かく観察すると，谷と谷に挟まれた台地上（張出部・合流点）や小さな谷頭付近の平坦面，もしくはそこから緩斜面への変換部に位置する。江合川流域では南東から南西向きのゆるい斜面に立地する遺跡がほとんどで，陽当りのよい地点が選ばれていたことがわかる[7]。

また遺跡は一定の地域に密集して分布する。密集する場所は，河川の流域（図 22），湖・沼（湿地）の周辺，あるいは海岸沿い，石器の原石産地である。河川や湖沼沿いにある理由には，次のような仮説がある。
① 水辺に集まる獣の狩猟や魚の捕獲などの場
② 人びとの飲用水
③ 水辺に露出している礫層から礫群の礫・石器原料を採取[8]
④ 川筋を交通路として利用
⑤ 河川で発達した段丘地形で安定した生活面を確保[9]

野尻湖とその西に隣接する川尻池には，その周辺に沿って遺跡が分布する[10]。諏訪湖，猪苗代湖の例などと共に水と遺跡の結びつきの強さが窺える。

つぎに石なし県である千葉県の遺跡分布をみると，遺跡は必ずしも川筋ばかりに存在せず，台地上の広範囲に立地している[11]。他地域に比べて川との結びつきが弱い。そこでは石材の採集が遺跡立地の必要条件とはならなかったためであろう。逆に黒曜石，サヌカイトなどの原石産地には遺跡が密集することがきわめて多い。大阪府から奈良県に及ぶ二上山山麓のサヌカイト原石産地には，わずか $10km^2$ にも満たない範囲内に35か所の遺跡がある。しかも遺跡の位置は原石の分布域ときわめて良く一致する[12]（図 23）。香川県国分台遺跡と共にサヌカイト原産地における典型的な例である。黒曜石原産地の遺跡群には北海道白滝，山形県月山山麓，栃木県高原山，長野県和田峠・星糞峠など，長崎県星鹿半島など多くの例がある。いずれも多量なチップや剝片，石核があり，これらは概して大型である。さらに敲石，楔形石器が高い比率で残されている。石器製作が主体の遺跡だったのだろう。

また岩手県，福島県，大分県，宮崎県には海岸部の海岸段丘上にも遺跡が分布する（図 24）。現在大陸棚となっている一段低い面が眺望でき，しかも平坦な段丘地形で安定した生活面を確保したのであろう。関東平野を囲む広く平坦な下総台地，大宮台地，武蔵野台地，相模野台地上に全国

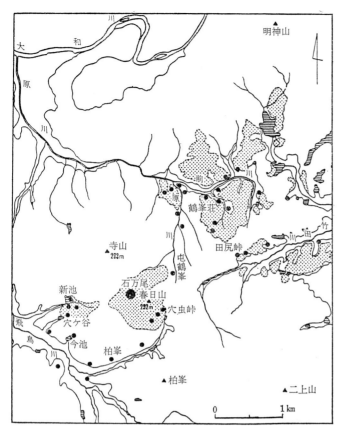

図 23 二上山北麓の旧石器時代遺跡（黒丸）とサヌカイト原石の分布
（網部）（註 12）より）

の約4分の1の遺跡が密集していることからも平坦で広大な台地が選ばれたことが理解できる。

さらに遺跡が川の中・上流域あるいは一部の高原地帯に密集することから当時は陸獣の捕獲が主な生業であったとする説がある[4,13]。しかし当時の海水面は百数十mから数十mも低かったし，遺跡分布が沖積層の始まりと共にとぎれてしまっていたり，下北半島沖[14]や釧路沖[15]で水磨をほとんど受けていない，いずれも硬質頁岩製の有舌尖頭器が採集されることからみて，内陸部の遺跡だけでなく，海底に没した旧石器時代の遺跡を予想する必要があろう。

● 遺跡群の成立と構造 ●

遺跡は居住の条件さえ整っていれば川筋などに連続的に分布してもよいはずである。しかし現実的にそれらは河川に沿って数kmの範囲に納まることが多い。つまり全国的に遺跡は，ほぼ一定の規模すなわち4～20kmくらいの距離の範囲に数か所から20か所前後，多くて30か所ほどが小さなグループをなしている。ただし，群から離れて存在するものもかなりある。このような小群は，何かしらの有機的な集合体として遺跡群が構成されたことを端的に示す。さらにこれらの小群は，相模野台地，武蔵野台地あるいは東松浦半島というように，より広範な地形・地域内に一定のまとまりをもって点在する。この大きな群は，小群が互に関連をもっている一段階上位のまとまりといえよう。

さて，一遺跡のある地点に残されたひとまとまり，あるいはほぼ同時に残されたいくつかのまとまりの石器群（石器集中地点，ブロック，ユニットなどと呼称）は，単位集団，血縁集団，小集団などと呼ばれる規模の小さな何らかの集団が残したものと考えられている。その集団は，遺跡内にいくつかの原石と石器を持ち込み，原石については30～60％を遺跡で消費し，製作した石器などと共に残りは持ち去っていってしまう。このような原石の消費率に着目して遺跡には数日間から数週間以内しか滞在せずかなり頻繁な移動生活を送ったと説明されている[16]。

このように一原石は遺跡で使い尽されないことが多いが，残されていた全体の石器をまとめてみると石器製作の全作業過程が含まれている。このことは各遺跡で中断する石器製作作業が遺跡をこえて連続することを示し，移動が突発的でなく恒常的であったことを示す[17]。また遺跡出土の石器の種類とそれぞれの量は，原石産地での石器製作跡を除いて各遺跡とも基本的に違わない。したがって，石器組成に表われるような特定の生業・生活が展開された遺跡はほとんど発見されていないと思われる。

逆に遺跡群間を比較して同一時期内での遺跡の減少・増加は，遺跡群間での転出・転入によると解釈する場合がある[17]。さらに国府型ナイフ形石器など特色ある石器が分布の中心を離れて遠隔地から出土すること，あるいは黒曜石・サヌカイトなどそれぞれの原産地が自然科学的分析手法で特定できる石材の分布などからみて[18]，人びとが遠隔地へ移動したことも事実であろう。しかし，そのような事実は一遺跡において客体的な存在であり，しかも在地の石器群が色濃く分布する圏内に

図 24　旧石器時代遺跡群の全国分布

きわめてまれに点在する程度である。一方，定住的な居住が基本である縄文時代の遺跡も時期を通してみれば，川筋に沿って数 km から 10 km 前後の範囲に群在する。したがって遺跡が群在することを重視し，一定地域内に納まる居住を想定するのが適当であろう。つまり現在われわれが認識している遺跡分布は，ある小集団が等質な意味をもった移動を，一定範囲内に短期間ずつ繰り返した結果と考えられる。

● 全国の遺跡分布と人口 ●

ナイフ形石器文化期から有舌尖頭器を含む尖頭器で代表される時期の遺跡は，昭和 31 年に約 500 か所，昭和 40 年に約 1,500 か所，昭和 50 年ごろには約 3,000 か所といわれ着実に増加している。ここではナイフ形石器文化・細石刃文化期の遺跡に限って集計したところ 4,200 か所を越した（表参照）。

表 3 と図24にしたがって全国的な遺跡分布を概観すると，関東平野周辺の広く平坦な台地上に全

90

表 3 後期旧石器時代遺跡群の分布

（有舌尖頭器を代表とする時期は含めない。沖縄県は今のところこの時代に属する明白な遺物はない。）

地域, 面積, 密度		遺跡群	遺跡数	小群の数	主要参考文献
北海道 約500か所 83,519km² 100km²当り 0.59か所		白滝	87	3	白滝村教委『白滝村の遺跡』1987, 鶴丸俊明『探訪先土器の遺跡』1983, 帯広市教委『帯広・空港南B遺跡』1986, 北海道埋文センター『今金町美利河1遺跡』1985, 木村英明『マンモスを追って』1985
		常呂川中流域	211	6	
		十勝平野	61	11	
		渡島半島	74	7	
		その他	約60	5?	
東北 351か所 66,910km² 100km²当り 0.52か所	青森	陸奥湾周辺	10	3?	三宅徹也『旧石器時代の東北』1981
	岩手	北上川中・上流域など	109	7	菊地強一『旧石器時代の東北』1981
	宮城	江合川中流域, 薬莱山麓など	106	5	藤村新一『旧石器時代の東北』1981
	秋田	能代川下流域	6	1	秋田県教委『此掛沢II遺跡・上の山II遺跡』1984, 富樫泰時『旧石器時代の東北』1981
		雄物川下・中・上流域	20	6	
		子吉川流域	2	1	
	山形	新庄盆地, 小国盆地, 最上川中流域, 月山東南麓	70	7	加藤稔『旧石器時代の東北』1981
	福島	阿武隈川中・上流域, 磐城海岸など	28	6	藤原妃敏ほか『旧石器時代の東北』1981
関東 約1,200か所 32,377km² 100km²当り 3.71か所	茨城	恋瀬川流域, 那珂川下流域など	約100	4~5	茨城県『茨城県史 原始古代編』1985
	栃木	八溝山地南西麓, 高原山の東南麓	77	2~3	栃木県教委『星の宮A遺跡・星の宮B遺跡』1981
	群馬	利根川上流域, 渡良瀬川流域など	48	4	
	埼玉	大宮台地のみ	116	7	水村孝行ほか『埼玉県理文事業団研究紀要』1986
	千葉	下総台地(埼玉県分2含)	327	15	註11)
	東京	武蔵野台地(埼玉県分含)	179	13~14	調査団『東京天文台構内遺跡』1983, 舘野孝『考古学ジャーナル286』1988
		多摩ニュータウン	60	2	
	神奈川	相模野台地	260	9	註8)
中部 約840か所 66,770km² 100km²当り 1.26か所	新潟	信濃川中流域, 五十嵐川流域など	33	5	小野昭『新潟県史 通史編』1986
	富山	立野ヶ原など富山平野周辺	136	8	註6)
	石川	手取川流域	11	1~2	北陸旧石器研『石川考古学研究会誌29』1986
	福井	三国町内ほか	4	1	福井県『福井県史 資料編13』1986
	山梨	甲府盆地ほか	約20	3	保坂康夫氏教示

地域, 面積, 密度		遺跡群	遺跡数	小群の数	主要参考文献
	長野	野尻湖, 諏訪湖, 霧ヶ峰, 和田峠など	330	13	長野県『長野県史 考古資料編一』1981
	岐阜		11	2?	
	静岡	磐田原台地, 富士川流域, 愛鷹・箱根山麓	56	2	註3)
			175	4	橋本勝雄氏教示
	愛知	木曽川下流域, 矢作川中流域など	59	3	県教委『愛知県主要遺跡指定促進調査報告書VIII』1984
近畿 271か所 33,065km² 100km²当り 0.82か所	三重	櫛田川流域, 宮川流域など	64	4	奥義次『日本の旧石器文化3』1976
	滋賀		8	1	
	京都		19	2	高槻市教委『津之江遺跡発掘調査報告書』1976
	大阪	高槻市周辺	22		註12)
		枚方台地など	22	5	
		二上山麓	35		二上山は奈良県香芝町を含む
	兵庫	加古川下流域, 明石川下流域など	86	9	県教委『ひょうごの遺跡8』1985, 旧石器文化談話会『旧石器考古学21』1980
	奈良		0	0	大阪府参照
	和歌山	貴志川流域など	15	3	同上
中国 約130か所 25,817km² 100km²当り 0.50か所	鳥取	天神川中流域	6	1	県埋文センター『旧石器・縄文時代の鳥取県』1988
	島根		3	1	
	岡山	蒜前原, 高梁川下流域など	約70	8	平井勝『えとのす24』1984
	広島	樽床, 冠	17	5~6	
	山口	宇部台地など	28	4~5	周陽考古学研究所『山口県先史時代表採遺物集成ならびに編年的研究』1978
四国 75か所 18,800km² 100km²当り 0.40か所	徳島	吉野川中・上流域	18	2	天羽利夫『日本の旧石器文化3』1976
	香川	塩飽諸島	38	3	
	愛媛	重信川中流域	15	2	森光晴『松山市史料集2』1987
	高知		4	1	
九州 約900か所 42,151km² 100km²当り 2.14か所	福岡	筑紫平野	31	3	木下修『探訪先土器の遺跡』1983
		その他	約20		
	佐賀	東松浦半島	142?	7?	註20)
		その他			
	長崎	北松浦半島, 平戸, 度島, その他	423	27	県教委『長崎県遺跡地図』1987
	熊本	球磨川上流域, 緑川流域など	77	5	註5)
	大分	筑後川上流域, 大野川中流域	40 / 100	7	大分県『大分県史』1983, 吉留秀敏『クロボク』1978
	宮崎	宮崎平野など	47	2	
	鹿児島	南薩地域	23	3	

合 計	3,949+約270か所, 小群は274か所ほど

* 表作成については多くの方々の協力をえた。感謝したい。なお実態把握はきわめて不十分だと思われる。ご教示をお願いしたい。

国の約4分の1に近い遺跡が集中している。この地域は調査が進んでいるために、遺跡の発見率が高いのかもしれない。しかし反面ではすでに市街地の下になっており、厚い火山灰土におおわれていて発見されにくい面もあるので、本来的に遺跡は多かったと考えられる。同様に長野県でも多数の遺跡が知られる。関東平野周辺部と長野県にナイフ形石器文化期の遺跡が集中する傾向は、縄文時代の遺跡分布ときわめて良く類似する[19]。ただし、縄文時代の遺跡が西日本で少ないのに対して、ナイフ形石器文化期には遺跡が多く、逆に北海道にはきわめて少ないのが特徴的である。

一方細石刃文化期の遺跡は、北海道、九州西北部に多い。例えば長崎県の東松浦半島では所属時期の明らかな110遺跡のうち、ナイフ形石器文化期は68遺跡、細石刃文化期は11遺跡、両期にわたるもの31遺跡である[20]。さらに北海道では細石刃文化期の遺跡が圧倒的に多い。つまり北海道では細石刃文化が本州以南より早く出現し、そして九州とともに土器出現期になっても残存するため、他地域より多いのであろう。このことは両地域が、大陸からの細石刃文化をまず受容した地域であったばかりでなく、同文化の生業・生活に適合した環境であったことを示す。

ところで遺跡は前述したように小さな群を形成し、さらに台地単位にまとまるような大きな群を形成する。この場合の小群は、相互に大きく時期が違っていたり、ある時期にしか存続しなかった場合もある。しかし、相模野台地、富山平野周辺、磐田原台地などで確かめられるように、その小群の範囲内にまず最も古い遺跡が出現し、その後継続して遺跡を残し遺跡数も増やす。そして細石刃文化期になると一部新たに出現あるいは消滅する小群があるが、基本的には前の時期からの範囲を踏襲している。したがって、遺跡の小群はある特定の小集団が継続的に残したものが多かったと考えてよいであろう。

この集団は遺跡内にいくつかの石器集中地点を残しながら一定地域内を移動していたと考えられる。通常遺跡内には3か所前後の石器集中地点が単位となり、石器の接合で示される有機的関係をもっている。遺跡によってその単位が、1か所多くて3か所ほどが残されるので、当時の小集団は季節的に離合集散すると考える場合がある。そして、5人が一石器集中地点を残したと仮定して、

集団は少ない時で10〜15人、多い時で30〜40人によって構成されていたと試算されている[11]。

一方、現代の狩猟採集民の一小集団は50人以内であるという。後期旧石器時代における離合集散はともかく、小群を形成した人数を40人と仮定してみよう。また小群は全国に280か所ほど分布しているので、現在の日本列島にあたる地域の当時の人口は約11,000人と算定できる。未発見あるいは集計もれの遺跡も多いと思われるので、15,000人ほどの人口を推定しておこう。

註
1) 佐原　眞「分布論」『岩波講座日本考古学1』所収、1985
2) 鈴木忠司「住居とピット」季刊考古学、4、1983
3) 鈴木忠司編『静岡県磐田市寺谷遺跡発掘調査報告書』1980
4) 鈴木忠司「再論日本細石刃文化の地理的背景」『論集日本原史』所収、1985
5) 木崎康弘「遺跡の概観」肥後考古、5、1985
6) 西井龍儀「富山県の先土器時代研究の現状と諸問題」『北陸の考古学』所収、1983
7) 柳沢和明「江合川中流域における旧石器時代遺跡の分布」『江合川流域の旧石器』東北歴史資料館、所収、1985
8) 小野正敏「先土器時代の遺跡群と集団」『日本考古学を学ぶ3』所収、1983
9) 長沼　孝編『今金町美利河1遺跡』1985
10) 野尻湖人類考古グループ『野尻湖遺跡群の旧石器文化Ⅰ』1987
11) 千葉県文化財センター『房総考古学ライブラリー1　先土器時代』1984
12) 松藤和人「土器以前の文化」『大阪府史』第1巻、1978
13) 藤本　強「常呂川流域の遺跡分布」『北見市史歴史編（原始・古代）』1981
14) 橘　善光「下北半島長後沖発見の有舌尖頭器について」考古学ジャーナル、279、1987
15) 釧路市立博物館西幸隆氏の御教示による
16) 稲田孝司「旧石器時代の小集団について」考古学研究、24−2、1977
17) 安蒜政雄「先土器時代における遺跡の群集的な成り立ちと遺跡群の構造」『論集日本原史』所収、1985
18) 鎌木義昌・東村武信・薬科哲男・三宅　寛「黒曜石、サヌカイト製石器の産地推定による古文化交流の研究」『古文化財の自然科学的研究』1984
19) 日本第四紀学会編『日本第四紀地図』東京大学出版会、1987
20) 佐賀県教育委員会『上場の文化財（Ⅰ）』1981

考古学と周辺科学 12

地形学

遺跡の立地する場所の地形を
正しく認識することで遺跡の
性格や遺跡からの情報をより
正確に把握することができる

神奈川県立埋蔵文化財センター 上本進二
（うえもと・しんじ）

　埋蔵文化財の発掘調査が年々増加するのに伴い，発掘地域は多様化して山間部や山地にまで及んでいる。そのため発掘者にとって遺跡の立地する場所の地形を正しく認識することが大変難しくなっているのが現状である。また地形を正しく認識することが，遺跡の性格や遺跡からの情報をより正確に把握する決め手になることもある。そこで本稿では，遺跡の立地する地形を同定する際の要注意点，および各地形ごとに立地する日本の代表的な遺跡について述べていく。

地形分類

　遺跡が立地する場所には必ず地形学的な名称がある。その名称は地形のスケール・形態的特徴・構成物質（地質）・その地形を作った作用（地形形成営力）などによって表1のように分類できる。たとえば表1の小地形に属する三角州は中地形では河成低地でもあり大地形の平野でもある。三角州上に遺跡が立地する場合，「平野に立地する」と書いても誤りではないが，はなはだイメージしにくい記述となる。やはり「三角州に立地する」とすべきであろう。つまり地形の名称は，より具体的なイメージを伝えるために共通点を持つ地形のグループに与えられたものであり，厳密にいえば同一の地形ではない。だから三角州をさらに細かく分類して，鳥趾状三角州・円弧状三角州・尖（カスプ）状三角州と呼ぶこともある。このほうがより正確な形態や地形を形成した営力を理解しやすいからである。つぎに地形形成営力が明確にわかる場合は「断層崖」・「風成砂丘」のように営力名を冠した名称を用いる。しかしこれには文献を引用するなどその根拠を明らかにする必要があろう。地形概観を述べる場合，地形図を提示し，遺跡周辺の地形を構成する物質（砂・礫・基盤岩・火山灰など）や平坦面か斜面かを記載する程度のことは最低限必要である。

遺跡の立地する地形

（1）河成段丘

　日本には河成段丘が多く分布するが，そのほとんどは現河床との比高を増して洪積台地となっている。関東地方はとくに洪積台地（海成段丘を含む）が多く，面積の26％を占めている。これは他の地方と比べて大変特色のある現象である（中国地方ではわずか1％）[1]。そのため関東地方の先史時代遺跡の大半は洪積台地上に立地してい

表1　発掘調査のための地形分類　（小地形・微地形は代表的なものを挙げた）

大地形	中地形	小　地　形	微地形
山地	山地 山麓地　丘陵地	凸（凹）型緩（急）斜面　等斉斜面 崖錐　麓屑面　崖谷　土石流地形　崖錐 地すべり地　崩壊地	構造土 二重山稜 モレーン
火山 地域	火山性丘陵地 火山性山麓地 火山性台地	平坦面 泥流地形 火砕流台地　溶岩台地	
平野	台地―洪積台地 段丘―┬―河成段丘 　　　├―海成段丘 　　　└―湖成段丘 低地―┬―河成低地 　　　├―海成低地 　　　├―湖成低地 　　　└―風成低地 盆地	台地上浅谷面　台地上微高地　谷頭緩斜面 上位面　中位面　下位面など　谷壁階段 合流河間山稜面 上位面　中位面　下位面など 上位面　中位面　下位面など 三角州　扇状地　谷底平野　自然堤防 旧河道　後背湿地 海岸平野　浜堤　潮汐平野　磯浜 泥炭地（河成・海成もある） 砂丘	波食棚 破堤跡 ポイント バー

93

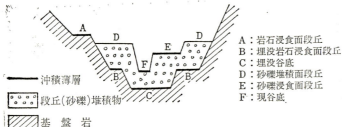

図1 河成段丘の名称（A〜Fは形成時代順）（註1）より

A：岩石浸食面段丘
B：埋没岩石浸食面段丘
C：埋没谷底
D：砂礫堆積面段丘
E：砂礫浸食面段丘
F：現谷底

河成段丘はその構成物質と形成過程によって図1のように分類される。Aは川の浸蝕作用により形成された岩石浸蝕面段丘（浸蝕段丘）で，山地に多く分布する。この段丘は段丘面上に薄い砂礫層をのせており，下は基盤岩である。Dは砂礫堆積面段丘（堆積段丘）で，厚い砂礫層より成り，川の中下流部に形成されることが多い。Eは砂礫浸蝕面段丘と呼ばれる段丘で，Dのような砂礫堆積面段丘形成後，川が再び下刻を行なってDの段丘面を削った状態の段丘である。D・Eのような堆積段丘は，水はけがよい反面浸蝕を受けやすく崩壊を起こしやすい。河成段丘の種別を判断するには，段丘を構成する物質（砂礫か基盤岩か）を観察することで容易に判断できる。関東地方のように段丘面が厚いローム層でおおわれている場合は，示準テフラをみつけることにより段丘の離水年代を推定することができる。また段丘が何段も発達した場所で発掘調査を行なう場合，各段丘面の離水年代を知る必要がある。日本の河成段丘は10万年〜1万年前に形成されたものがほとんどで，中には縄文時代から弥生時代にはいって新たに形成された段丘も存在するからである。段丘面を区分する際の目安は，高度・地形的連続性・段丘礫層直上の堆積物（火山灰など）などである。現在の日本ではかなりの河成段丘が地形学者・地質学者によって編年が行なわれているので，これらの成果を活用したい。

次に河成段丘のなかでも特異な段丘地形に立地している遺跡の例をあげてみる。

岩手県盛岡市の萪内遺跡は，縄文時代後期から晩期にかけて内陸漁撈が行なわれていた遺跡である。遺跡は雫石川右岸に形成された新旧二面の沖積世段丘上にあり，それぞれ自然堤防と後背湿地を持っている[2]。沖積世段丘とは完新世（1万年前）にはいって段丘化した非常に新しい段丘で，内陸漁撈を行なうには恵まれた自然条件を備えている。下位の沖積世段丘はおそらく縄文時代にはいってから段丘化した面と思われ，後背湿地を利用した水路に魚をひきいれた魞の遺構や縄文人の足跡がみつかっている。神奈川県山北町の尾崎遺跡は丹沢山地に産するホルンフェルスを中心とする石材を原料に石斧を作っていた縄文時代の石器製作址がみつかっている遺跡で[3]，河成段丘（河床との比高35m）上にある。この段丘は標高337mの丘

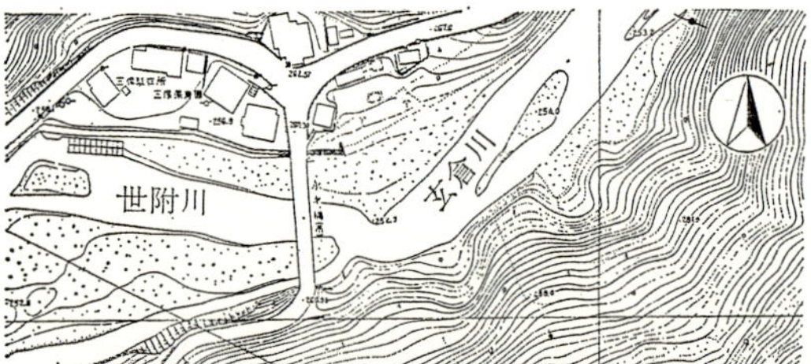

図2 尾崎遺跡周辺の地形図（註3）に一部加筆

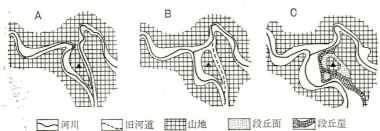

図3 貫通丘陵の形成過程

〰 河川　⌒ 旧河道　▦ 山地　▧ 段丘面　▨ 段丘崖

陵性の山（段丘面との比高 60m）を載せる特異な段丘である（図2）。この地形は，①合流する二河川にはさまれた山地（図3—A）が，②short cut によって 337m 峰が孤立した丘陵（貫通丘陵）となり（B），③その後の川の下刻により旧河道が段丘化した地形（C）である。したがって遺跡は「世附川の旧河床が離水した浸蝕段丘に立地する遺跡」であり，337m 峰は「河成段丘上に孤立する貫通丘陵」と呼ぶのが適当であろう。

（2）沖積平野

沖積平野は沖積世（完新世）に堆積作用によってできた平野である。沖積平野は堆積環境や堆積作用の違いによる形態的特徴から，扇状地（扇状地性沖積平野も含む）・自然堤防地帯（中間地帯ともいう）・三角州に分類される。

扇状地は川が山地から急に平野へ流れ出る場所に砂礫を堆積して形成する微傾斜の平野で，段丘化しているものもある。上流側から扇頂・扇央・扇端の3つの部分に分けられ，このうち扇央部は最も水利条件が悪く，扇端部は湧水帯となる。甲府盆地の釈迦堂遺跡群は扇央から扇頂にかけて立地し[2]，富山県の直坂遺跡は段丘化した扇状地の扇頂部に，静岡県の寺谷遺跡は開析扇状地の開析谷に面する崖の直上に立地している[4]。扇状地を流れる川は洪水時に流路を変えることがあるので，扇状地上の遺跡は砂礫に覆われていることがある。

自然堤防地帯（中間地帯ともいう）とは河川の中流域から下流域にかけて自然堤防と後背湿地が存在し，蛇行（曲流）する河川によって形成された沖積平野をいう。河道に沿って，河床堆積物・ポイントバー・中州があり，河道の両側には自然堤防がある。自然堤防は増水・氾濫時に河道の端に堆積する砂やシルトによって形成されており，その背後の後背湿地も氾濫時に堆積するシルト・粘土より構成されている。籠瀬良明[5]によれば，後背湿地型の低湿地は日本の低湿地の中では最も広い面積を占めており，緩流河川の河口や下流部に分布する場合と川のやや上流部の狭い谷底平野に分布する場合がある。埼玉県の寿能泥炭層遺跡・青森県の亀ヶ岡遺跡がこの例である。

河川が海や湖に流入する所では，河川運搬物質の堆積によって河口に三角形の中州（デルタ）が形成され川は分流する。これが三角州で，河口から海に向かって砂・シルト・粘土の順に堆積する。三角州は，沿岸流と川の流速とのバランスにより形を変えていく。三角州に立地する代表的な遺跡としては広島県福山市の草戸千軒町遺跡がある。芦田川の河口外の福山湾に形成された砂州の上に立地したこの集落は，芦田川三角州がしだいに伸長するに従い河口が草戸千軒町の直近までせまり，洪水のたびに砂州は浸蝕を受け，1673 年ついに草戸千軒町は消滅した。その後芦田川はさらに下流に三角州を延ばして，草戸千軒町遺跡から下流へ 7km のところで瀬戸内海に注ぐようになった[6]。

沖積平野や段丘面上には埋没した浅い谷（埋積浅谷）がみられることがある。沖積平野が浸蝕を受けるのは，海水準の低下により河川の浸蝕が復活するためである。完新世の海退期（縄文晩期〜弥生前期）は現海水準より 3m 内外の低海水準期であり，東海地方をはじめとする多くの沖積平野において現海水準より 3m 内外低い浅谷が現沖積面下に存在している[7]。海退の原因は気候の寒冷化である。縄文晩期から弥生前期の寒冷化は世界的なものであり，日本では"弥生の小寒冷期"あるいは"弥生の小海退"とよばれている。海面が 3m 内外低下すると川は流路を延長させられることになり，河床を削り新しい谷ができる。ところが弥生の小寒冷期が終わり弥生中期以後再び海進がはじまると，川は流路を短縮されるためこの浅谷を埋積しはじめ，弥生後期後半には浅谷は完全に埋積されてしまう[7]。埋積浅谷に立地した遺跡の例として，愛知県の瓜郷遺跡・静岡県の伊場遺跡・蜆塚遺跡などがある。このように沖積平野では今後の考古学的発掘によって弥生の小寒冷期や小海退を裏付けるような証拠が示される可能性がある。

関東地方には台地を開析する狭長な浸蝕谷が樹枝状に発達している。この地形は谷地田型低湿地[5]と呼ばれている。奥行きが非常に長く，長いものは数km におよぶのが特徴である。横浜市の港北ニュータウン一帯や埼玉県の大宮台地に標式的に分布し，「谷地田」または「谷津田」と呼ばれている。谷頭が緩やかに台地面に向かって開いており，谷の横断面・縦断面ともに極めて滑らかで，谷頭と台地面の境界が不明瞭である。いわゆる老年谷の形態的特徴を備えている地形といえる。谷底の低湿地は崖端湧水を受けて保水性がよく，泥炭地を形成する場合が多い。したがって谷地田を水田として利用する場合，干害には強い反

面排水が悪く水害に弱い。横浜市の古梅谷遺跡では谷地田型低湿地を渡るための木道遺構が検出されている[8]。

（3）山地

日本の多くの山地では，山頂部がかつての準平原であった名残りをとどめてなだらかである。そのために周囲の山より抜きん出て高かったり，険しい山容を持つ山は山岳信仰の対象となり，それに関連する遺跡も多い。山頂に巨岩を持つ山や険しい山容を持つ山は抗浸蝕性の高い岩石で構成されており，周囲の山々がすっかり浸蝕された後も孤立して残る。このような山は硬岩残丘（モナドノック）とよばれ，岩手県の早池峰山が好例である。また山頂部に巨岩（トアー）を残す山（山梨県の地蔵岳・金峰山）や，頂稜の岩石の物理的性質の違いを反映した鋸歯状の山（富山県の剣岳・長野県の戸隠山・新潟県の八海山）があり，いずれも信仰の山となっている。山岳信仰以外の山地遺跡としては，瀬戸内海沿岸地域を中心に分布する弥生時代の防衛的高地性集落遺跡や縄文時代の岩陰遺跡，石器の原材産地という立地条件により中国山地脊稜の隆起準平原に立地した広島県の冠遺跡のような例もある[4]。

山地内部には四方を山に囲まれた小規模な盆地がある。これが山間盆地で，盆地内の平野は段丘化していることが多い。盆地を貫流する河川の出口が峡谷になっている場合，盆地内集落の閉鎖性は一層高まり，領主の課税を逃れるための隠田や，落人部落に起源をもつ集落が立地することがある。山地にあってしかも遺跡の立地する可能性のある平坦地として，谷壁階段・合流河間山稜面がある。谷壁階段は峡谷の谷壁中上部にへばりつくように河成段丘の痕跡が残されている地形で，埼玉県の荒川上流の大滝村栃本が好例である。この地形は隆起の激しい山地を浸蝕した河川によって形成された浸蝕段丘で，河成段丘よりもはるかに断片的であり，現河床から数百メートルの比高をもつものもある。合流河間山稜面は合流する二河川間の山脚上に形成される平坦面のことである。

（4）変動地形・マスウェイスティング

変動地形とは断層や褶曲などの地殻変動によって生じた地形である。実際に遺跡発掘の際に遭遇する可能性の高い変動地形を以下に述べると，①住居址や道状遺構など本来ひとつづきであったはずの遺構が垂直・水平方向にずれている（図4—A・B），②地割れによって住居址や土壙が分断されたりずれたりする（C），③平坦であったはずの遺構の床や底がたわみさがっている（D），などである。断層や地割れが遺構を変位させている場合，活断層の可能性がある。活断層は第四紀後半に繰り返し活動し，地形や第四紀層のくいちがいとしてあらわれる新しい断層で，将来も活動することが予想され，地震予知や防災に関して大変重要な情報をもっている。実際に長野県諏訪湖南東岸の荒神山遺跡では縄文中期の住居址の床面が直線状の境界によってずれ，あるいはその線に沿って地割れを生じているのが発見された。そしてこの線がフォッサマグナの西縁断層である糸魚川一静岡構造線の活動によって変位した活断層であることがわかった[9]。同じような例が長野県岡谷市大久保遺跡でも発見されている[10]。

マスウェイスティング（mass wasting）とは重力により斜面に沿って岩屑や土壌が移動することをいう。したがって原因はあくまでも重力であり，地下水・風・霜・地震などは間接的に関与するものである。マスウェイスティングには，①周氷河地域で土壌中の水分の凍結・融解によって発生する土壌すべり（ソリフラクション—solifluction）や泥流（mad flow），②乾燥地域や火山で豪雨時におこる泥流（sheet flood），③地すべり，④山崩れ，⑤土石流がある。このうち日本における

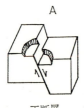

A　正断層　　B　横ずれ断層　　C　重力断層　　D　逆断層による撓曲

図4　断層による遺構の変位モデル

発掘調査にかかわってくるものは地すべり・山くずれ・土石流であろう。

地すべりは斜面の地下数m〜数百mにすべり面をもつ岩盤ないし岩屑が地下水を媒介として下方へ移動する現象である。地すべりはすべり面の場所によりスランピング・岩屑すべり・基盤すべりに細分される。一般に第三紀層や破砕帯に起こりやすく、背後に馬蹄形の急崖をもち、舌を出したような土塊が突出するので地形図から検出できることもある。地形的には台地の端や山地斜面に起こりやすい。横浜市港北区の神之木台遺跡では、いわゆる舌状台地上の住居址（弥生時代）7軒の床面が激しい地割れによって乱され、垂直的な変位を生じている[11]。地割れの卓越方向は東に開いた円弧上に集中しており、ここに地すべり性の崩壊が起こったと考えられる。台地の東側斜面は凹型急斜面となっており、慢性的に地すべりが起こりやすい地形である。

山崩れは永い年月の間に斜面の表層に蓄積した岩屑や風化物質および堆積物が、集中豪雨や地震によって崩落する現象である。また土石流は集中豪雨や融雪洪水によって斜面物質が一気に崩壊し、谷底を削りながら流下するもので、人間の居住地もしばしばまきこんでしまう。狩野川台風時の狩野川流域や、集中豪雨による滋賀県信楽町多羅尾の土石流災害が有名である。遺跡発掘の際にも土層断面に厚い角礫層や淘汰の悪い礫層があったら、山くずれや土石流などの突発的災害の存在を考えなくてはならない。岐阜県白川谷の帰雲城（かえりぐも）は、戦国時代の天正13年（1586年）の天正白川地震（マグニチュード7.9）により、対岸の帰雲山の大崩壊に伴う土石流のため城下町とともに一挙に埋没し、城主内ケ島氏理（うちがしまうじまさ）以下全員が圧死した[12]。現在も当時の土石流堆積物が段丘を覆っており、発掘調査も行なわれていない。

（5）周氷河地形

地層に含まれる水分は凍結することにより約9％の体積膨脹を示し、地表面に凍結割れ目をつくり、霜柱や土壌凍結などの凍上現象を起こす。永年にわたって凍上をうけた土層は攪乱され、アースハンモック・構造土などの微地形を形成する。これを融凍攪拌作用（cryoturbation）と呼び、次のようなさまざまな作用から成り立っている[13]。①凍上―（前出）、②凍着凍上―土中の礫が凍上する土に凍り付いて引き上げられ、融解後もとの位置

にもどらないため、礫は長軸を上に向けて地表に向かって押上げられる。③インボリューション―凍結融解による地層の褶曲変位構造の形成、④氷楔（ice wedge）―永久凍土帯で凍結割れ目を満たした水が凍結してできる。

以上のほか、主として季節的凍土層に発達する凍結割れ目をソイルウェッジ（soil wedge）と呼んで区別している。

このような融凍攪拌作用が最も強く働いたのは現在よりも寒冷な気候条件下、なかでも氷期において最も活発であった。関東以北の遺跡においては、インボリューションや埋没アースハンモックによる土層の攪乱が遺跡の発掘時に確認されており、南関東でも武蔵野ローム中・下部と立川ローム層中の姶良Tn火山灰（2万1千年〜2万2千年前）の層準にインボリューションがよく発達している[14]。これはそれらの火山灰が堆積した時期が気候的に寒冷な時期にあたるためで、海水準変動や氷河の消長や花粉分析からの情報によっても明瞭な寒冷期であったことが確められている。最終氷期の最寒冷期とされている3万年前および1万8千年前の旧石器時代遺物は、このような融凍攪拌作用の影響を受けて移動していることが示されている[15]。それは旧石器時代の遺跡から出土する石器がほぼ全国的に数十cmの高低差をもって出土していることに対する最も有効な解釈であろう。

（6）組織地形

地表を構成する岩石は温度変化・凍結融解作用・生物の働きなどによって物理的または機械的風化を受ける。そして岩石の造岩鉱物は大気中の水分・地下水・酸素・炭酸ガス・生物とその分解生成物によって化学的風化をうける。このような風化は抵抗力の弱い岩石や鉱物および岩石中の弱線（断層・節理・層理・片理）に沿って進み、そのあと川・地下水・氷河・波・風などによって浸蝕される[16]。この際に、風化・浸蝕に強い岩石から成る場所とそうでない場所とでは地形に差を生じる。これが岩石組織の差を反映した地形、すなわち組織地形である。この組織地形が明瞭にあらわれるのは植生におおわれない乾燥地域・海岸・高山地域・河床などであるが、その場所の気候条件や地形環境にも影響をうける。

組織地形の代表的な例はケスタ地形である。この地形は浸蝕されやすい岩石と浸蝕されにくい岩石の互層が、緩く傾いて地表に露出している所に

形成されやすい。つまり浸蝕されにくい岩石は崖をつくり，浸蝕されやすい岩石は緩い斜面となる。ケスタ地形の代表的な例はパリ盆地であるが，日本にも小規模なものは多く分布する。日本の第三紀層のように固結度の低い岩石は，雨水の浸透能の差が地形に反映される場合が多くある。雨水の浸透しやすい溶岩や第三系の砂岩・礫岩と浸透しにくい泥岩とでは，後者の方が地表流水を生じやすく，浸蝕を受けやすい。こうして生じた地形の凹凸もケスタ地形の一種で房総半島などにその例をみることができる。

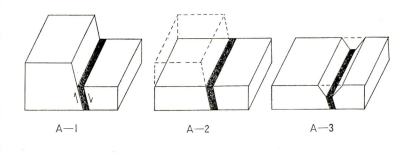

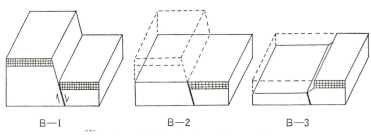

図5 断層線谷（A）と断層線崖（B）
（黒帯は断層破砕帯，網目は硬岩）

組織地形を利用して立地した遺跡に，長崎県佐世保市の泉福寺洞穴遺跡をはじめとする洞穴遺跡群がある。泉福寺洞穴は風化・浸蝕に弱いアルコース砂岩層が選択的に浸蝕をうけ，崖の基部に洞穴が形成された後，砂粒子による埋積をうけながら4mにおよぶ遺物包含層を堆積した遺跡である[17]。

変動地形と誤認しやすい組織地形に断層線谷と断層線崖がある（図5）。断層線谷は断層地形（A—1）が浸蝕ですっかり失われてしまったあと（A—2），断層破砕帯が集中的に浸蝕をうけて谷になった地形であり（A—3），断層線に沿って形成される谷のことではない。また断層線崖は断層によって生じた地質のくいちがいが（B—1），その後の差別浸蝕によって崖を生じたもので，当初の断層崖とは逆向きの断層線崖を形成することもある（B—3）。

以上遺跡の立地する可能性の高い地形を列挙したが，誌面の都合により海岸地形と火山地形については割愛した。

註
1) 吉川虎雄・杉村 新・貝塚爽平・太田陽子・阪口 豊『新編日本地形論』東大出版会，1973
2) 戸沢充則『探訪 縄文の遺跡―東日本編―』有斐閣選書，1985
3) 岡本孝之・河野喜映・鈴木次郎『尾崎遺跡』神奈川県教育委員会埋蔵文化財調査報告，13，1977
4) 戸沢充則・安蒜政雄『探訪 先土器の遺跡』有斐閣選書，1980
5) 籠瀬良明『低湿地』古今書院，1972
6) 村上正名『草戸千軒町―まぼろしの中世集落―』図書刊行会，1980
7) 井関弘太郎「弥生時代以降の環境」『岩波講座 日本考古学 2―人間と環境―』岩波書店，1985
8) 横浜市港北ニュータウン埋蔵文化財調査団『古代のよこはま』1986
9) 松島義章・伴 信夫「糸魚川―静岡構造線の活動によって変位した諏訪湖南岸の縄文住居址」第四紀研究，18—3，1978
10) 東郷正美・今泉俊文・澤 祥・松田時彦「長野県岡谷市大久保遺跡にあらわれた断層露頭」活断層研究，1，1985
11) 横浜市港北ニュータウン埋蔵文化財調査団『横浜市神之木台遺跡における弥生時代の遺構と遺物―第3冊―』1977
12) 安達正雄「白山大地震により埋没した"帰雲城"と"木船城"」日本海域研究報告，8，1976
13) 小疇 尚「周氷河地形」『写真と図で見る地形学』東大出版会，1985
14) 杉原重夫「後期更新世の自然環境」季刊考古学，4，1983
15) 御堂島 正・上本進二「遺物の水平・垂直移動―周氷河作用の影響に関する実験的研究」神奈川考古，23，1987
16) 小池一之「組織地形」註13)に同じ
17) 麻生 優『泉福寺洞穴の発掘記録』築地書館，1985

98

書評

鈴木公雄 著
考古学入門
東大出版会
A5判　200頁
1,900円

　日本の考古学界は,「概説」類の著作は多いが「概論」類に関する著書は少ない。日進月歩の学界において概説書類の出版は,それが単著・共著であれ数が多いことは当然のことではあるが,一方,概論の類は,濱田耕作博士の『通論考古学』(1922)が,いぜんとして孤高の存在である。『通論考古学』は,1922年の刊行以来,60数年間にわたって考古学の研究を志向する人びとに膾炙され,必読書の筆頭に掲げられてきた。

　第2の『通論考古学』を標榜し,1975年に江上波夫博士を監修者として刊行された『考古学ゼミナール』は"現代考古学概論"の決定版を意図したものであったが,世界史的視野のもとに構成され,43名に及ぶ分担執筆者によって生みだされた大部(B5判・404頁余)な著作であった。したがって『通論考古学』と比較するとき,内容的には多岐かつ豊富になってはいるが,考古学に関する知識を簡便に理解するには大部すぎるきらいがあった。事実,大学において考古学のテキストとして用いるには,本書中の一部分を定めて演習用として活用するか,または概説用として表層的に満遍なく瞥見するかのいずれかの方法が採られてきているようである。

　『通論考古学』の有用性が,今に説かれていることも,対比すべき『考古学ゼミナール』以外に類書を見出すことができない,と言う現状に存するのであろう。

　近年,欧米学者による方法論関係著作の翻訳が多くなされているのも如上のごとき現状にそくしていると見るべき現象であろうか。

　この度,公けにされた鈴木公雄教授の『考古学入門』は,考古学の概論書として注目さるべき著作と言えるであろう。

　鈴木教授は,高校より大学院にいたるまで一貫して慶応義塾で考古学を学び,現に同大の考古学担当教授として教壇に立っているが,本書は,同大の通信教育課程の教科書として執筆された教材を核として再編成されたものである。同課程の教材としては,かつて藤田亮策教授によって『考古学』(1948,1976年に一般販売本として覆刻出版)が執筆されたが,通信教育の学生よりも考古学の研究者の間に知れわたっていた教科書であった。したがって,鈴木教授によって執筆された通教の教材『考古学』は,新版『考古学』であると言えよう。

　本書は,その通教の教科書の増補版であるが,構成と内容が一新され,まったく新しい考古学の概論書として出版されたのである。

　第1章考古学の範囲,第2章考古学の方法,第3章考古学の調査,第4章考古学と関連分野,第5章考古学と現代社会より構成される本書は,考古学の現在的知見を大幅にとり入れ,かつ著者自身の経験と思索より生みだされた体系的内容をもつものである。

　考古学を「歴史学としての考古学」との立場にたって理解する鈴木教授の考えは,本書の随所に盛られており,著者の考古学に対する立脚点を見ることができる。

　「考古学の方法」において,真正面より"型式"について説いていることは,「考古学の調査」に見られる"発掘"をめぐる解説ともども,著者の体験より生みだされた具体性に富む論述だけに説得力ある記述となっている。「考古学と現代社会」について,とくに1章を設けていることは,著者が自らの考古学を構築する基底としての問題意識のあらわれでもあろうか。また,挿図・挿表に心配りが見られるのは,考古学の概論として当然のことではあるにしてもその配慮に周到な用意が感じられ,読者にとって理解に資するところが大きいであろう。

　著者は,すでに,アーヴィング・ラウスの『先史学の基礎理論』(1974)をはじめジョン・コールズの『実験考古学』(1977)などを訳出し,欧米考古学界の現状の一端をわが国に紹介する労をとり,考古学研究の実情を汎世界的な視野より展望してきたところである。

　近作『考古学入門』も,かかる著者の姿勢を示す著作であり,"考古学の体系化"を意図する鈴木考古学の見解を示すものであると言えよう。

　濱田博士の『通論考古学』が,いまに命脈を保っていることについて,角田文衞博士は「学史上の奇蹟」(同覆刻版「解題」1984)と評価され,その理由として"広い視野よりの展望"と"考古学の概要を簡単明瞭"に記述していることであるとされた。

　考古学の概論に関する著作は,欧米においては数多くの労著が公けにされている。それは"考古哲学"的なものから"考古実践"的なものまで多種多様である。それに対して,わが国においてはすでに指摘したように「概説」は多いが「概論」は少ないのが現状である。かかる状況において,本書の果たす役割りは決して小さくはないであろう。識者の繙読を期待したいと思う。
　　　　　　　　　　　　　　　　　(坂詰秀一)

書評

近森 正著
サンゴ礁の民族考古学
―レンネル島の文化と適応―
雄山閣出版
A5判 296頁
6,800円

日本で発掘にたずさわる人たちは，現在どんな姿勢で，それにむかっているのだろうか。というのは，開発事業に即応した調査のせいか，報告書を開くと類型的でパターン化し，その遺跡の独自性や調査者の考え方が充分語られず，かつ地元民への配慮を欠いたものがめだつからである。また，新しい調査法や研究法にむかう積極性も少なく，報告書の刊行段階で研究が終ってしまう傾向があり，発掘のデータを基礎にした，つぎの段階の研究があまりにもなさすぎるのではないだろうか。こうした現状にあって，本書の登場は日本の考古学にとりくむ若手研究者を大いに触発させるものといえよう。

たとえば，著者が南太平洋のサンゴ礁の海と太陽のもとで，人々と環境とが織りなす光景を目にしたとき，そこでなにを考え，行動し，これからどうしようかが，本書収録の各論考にみられる。そこには人間の生存の可能性を探る著者の信念がうかがえる。著者は，自然と人間とのあるべき姿とはどのようなものかを，レンネル島に踏み入れ，人々と交わることによってますます深めていったような気がする。各章を読んでいくうちに，著者が調査者の鉄則である土地の人たちと同じレベルでモノを眺め，考え，行動するという等身大の姿勢が伝わってくる。

それでいて，著者の研究にあたる積極さが一貫してみられる。それは島に生きた人々を発掘資料を基に，生態学的側面と民族誌の面から人間の環境への適応関係を究明するという試みである。ここレンネル島での調査では，著者の理念である民族考古学 (Ethno-Archaeology) が，すばらしい成果をあげている。その評価は，すでに発表された *The Early Polynesian Settlement on Rennell Island British Solomon Islands Protectorate* (1975), *The changing pattern of fishing activities in Rennell Island, Solomon Islands* (1983), *Archaeology on Rennell Island* (1985) の著作を Jack Golson, Janet M. Davidson, Peter Bellwood, Richard Pearson, R. C. Green といったオセアニア研究の権威者が認めるところである。かれらが注目することからしても，著者の研究が国際性に富むものであることはまちがいない。

では，本書をとおして著者の研究視点と，そこから導き出したものを要約してみたい。

1 島の人々が環境にどう適応していったかを，貝斧や釣針，漁撈・焼畑農耕，宗教儀礼などの事例からと，島の文化の起源と系統を自然史の面，および形質人類学からの調査結果を合わせ，この島に生きた人々が他の島とは交流をもたず，孤立した世界にあったことを明らかにした。

2 島に住んだ人たちがどういった適応の過程を経てそこに居住し，どんな暮らしぶりをしてきたかを島内にある遺跡を発掘し，そのデータ分析から環境開発のプロセスと文化プロセスを検証している。

3 人々の生計活動である漁撈と農耕の技術的適応のあり方を民族誌的データを基にして，人間と自然との結びつきに焦点をあてた分析はユニークである。ことに気候と漁，魚の民俗分類，漁法，漁期と労働配分を指標としたアプローチは，民族考古学の領域で，著者の技量が発揮されている。

4 人口と食料資源の関係を住居・居住域の拡大とセトゥルメント・パターンの変化からとらえ，さらに社会的・制度的な適応性をつかむ試みは好結果を生んでいる。

5 超自然と人間とのかかわりを儀礼的行動が，適応をどう調整しているか追究した，見える環境と見えない環境への切り込みもおもしろい。

これらに共通することは，考古資料を縦軸に，民族資料を横軸として，島に生きた人々の歴史と環境とのあいだに作用する文化の意義を探りつづけていることである。それは著者の島の未来に対する有益なメッセージでもあり，人々へのヒューマニズムでもある。

考古学研究へ新しい光を投じた民族考古学，および著者の考え方が，すぐさま日本の遺跡発掘に応用できるかは即答できない。しかし，こうした思考をもって過去の人々の文化適応のプロセスを再検討してみると，そこに新しい発見や再認識するものがあろう。一つの思考にこだわらずに柔軟な姿勢で調査にのぞめる人こそ，将来に期待できよう。

本書は論文集にありがちな難解さ・退屈さがなく，生き生きとした文体と平易さ，それに興味をそそるものが多いため，読む者を引きずりこんでいく。そして周到な写真・図の使い方，コラムの挿入は読者への著者の思いやりで，それは調査にも人との交わりにもあらわれている。こうした書物が遺跡を発掘する人たちから，つぎつぎに出される日を待ちのぞむ。本書は，著者のすばらしいフィールド・ワークの賜物である。

（関 俊彦）

論文展望

選定委員（敬称略・五十音順） 石野博信 岩崎卓也 坂詰秀一 永峯光一

会田容弘

東北地方における「国府系石器群」

歴史（東北史学会）69 輯
p. 1～p. 14

東北地方において，松藤和人氏の定義に基づく「国府石器群」を抽出すると，越中山遺跡K地点だけになる。そこで「国府石器群」に関係する可能性のある石器群を見つけ出すために，「横剝ぎのナイフ形石器」，「底面を持つ横型剝片」，「小形舟底状石器」あるいは「角錐状石器」を含む遺跡を抽出した。それらは越中山K，月山沢，湯の花，志引第4層上面，鹿原Aの各石器群である。これらの編年的位置づけについては，加藤稔氏と鎌田俊昭氏の見解を紹介した。

次に石器群を比較するための尺度構成を議論するために，石材組成，剝片組成，石器組成の各次元における，定量的比較（比較1）と意味づけ比較（比較2）の二方法を実施した。資料は国府石器群を意識し，越中山K，郡家今城C，岩戸I，横道，平林，殿山のデータを用いた。

比較1の石材組成では，平林，岩戸I，横道がまとまり，他は独自性を持つという結果になった。剝片組成では，個数を用いた場合は「越中山K」「郡家今城C・岩戸」「平林」「横道・殿山」の4グループになり，組成比を用いた場合では「越中山K・岩戸I・横道」「平林」「郡家今城C・殿山」の3グループになる。石器組成の個数を用いた場合には「越中山K」「平林・岩戸I」「横道・殿山」「郡家今城C」の4グループ，組成比では「越中山K・郡家今城C」「横道・殿山」「平林・岩戸I」の3グループになる。

比較2では郡家今城Cを中心において，似ている順に並べる方法をとった。石材組成では似ているものがなかった。剝片組成では，越中山K・岩戸I，殿山，平林，横道の順に類似する。石器組成では，殿山，越中山K，岩戸I，横道，平林の順に類似する。

このように，操作法を変える事で異なった結果が導き出される。石器研究は，今後，より人間行動に即した計量的実証研究に向かうべきと考える。　（会田容弘）

戸沢充則

先土器・縄文時代の時期区分と時代区分

考古学研究　34 巻 2 号
p. 18～p. 26

この論文は1987年4月，岡山大学で開催された考古学研究会総会のシンポジウム「考古学における時期区分と時代区分」での課題発表を，速記録にもとづいて若干の文章整理をおこなったものである。発表に当たって主催者から学史的に，またやや包括的な話をするようにとの指示があったこともあって，標題の時代に関する具体的な資料を提示し，最新の成果や考察を図式化するような発表にならずきわめて概念的な内容に終ったことを反省している。

この論文で触れた第一の点は，ここ数年来，考古学における時代区分の研究が，広く考古学界全体の関心事になってきたことは，伝統的な個別実証的研究を止揚して歴史叙述をめざす包括的な研究へ日本考古学が一歩前進しようとする具体的な動きであるととらえ，そのことを高く評価した。しかしその反面で，画期の基準などについてあまりにも個別の資料の厳密な分析にこだわって，時代区分と

いう大きな問題のもつ本質を見失わせるような議論もあることを指摘して，注意をうながした。

第二の点としては，先土器時代と縄文時代の研究の中で，石器や土器の型式編年としての時期区分とは異なった，多少とも歴史的な内容をもった時期区分が，過去の学史的な業績の中にわずかながらあったことを紹介した。しかしこの両時代については，時代区分の命題と結びつく時期区分の研究は組織的・体系的には全く未着手であるとした。

最後に第三の点として，考古学における時代区分の原理に関する近藤義郎氏の問題設定をとりあげその正当性を評価しつつも，各時代の「時期区分」を問題とするときには，近藤氏が原理としてとりあげた諸要素を，総合的にとりあげる観点が必要であることを強調した。　（戸沢充則）

花谷めぐむ

山陰古式土師器の型式学的研究

島根考古学会誌　4 集
p. 1～p. 37

本論では，島根県における弥生時代後期から古墳時代にかけての土器編年が，①壺形土器の型式変化を拠り所にした一括遺物の羅列に頼っていること，②土器の同一器種内の形式差が時期差と混同されていること，③四隅突出型墳墓の出現を古墳の発生とみなすような歴史概念が前提とされていること，に問題があるとした上で，細かな形式分類に基づいて従来の土器型式を整理しつつ，土器編年を行なった。

細かい論証は本論を参照していただくこととして，まず従来の九重式から，九重7号墓の土器など

古い様相を示す土器群を分離し，九重3号墓の土器を指標とする九重3号墓式を設定した。次に最も問題となっている鍵尾式については，Ⅰ式とⅡ式を区分する指標とされた壺形土器が系譜を異にするものであって型式差とはなりえないこと，しかし，同遺跡の土器をすべて同一時期と理解することには無理があると考えた。そこで，まず一括性の高い鍵尾遺跡A区5号墓の土器を基準に一型式を設定し，それより古い様相をもつ土器は，的場遺跡出土器に代表される的場式に包括させた。鍵尾A区5号墓式に続き，従来の小谷式との間を埋めるものとして大木権現山1号墓出土土器を指標とする大木式を新たに設定した。小谷式は小谷遺跡と神原神社古墳出土の土器をあわせたものとして型式設定し，松本1号墳出土土器はこれにほぼ併行するものと考えた。以上の考察をへて，（九重3号墓式に先行する型式）→九重3号墓式→的場式→鍵尾A区5号墓式→大木式→小谷式という土器編年案を示した。畿内との併行関係を示せば，九重3号墓式がⅤ様式中葉，大木式が庄内式新段階，小谷式が布留式にあたる。

最後に山陰系土器の移動は大木式の段階で顕著になり，逆に畿内系土器の流入は地域によって差があることを示した。（花谷めぐむ）

───────────────

長谷川　厚

歴史時代墳墓の成立と
展開（二）

古代　84号
p.134～p.162

───────────────

東国の火葬墓の研究は寺院・集落などの研究に比較すると具体的な分析はほとんど進んでいない。こうした状況の中で，東国の火葬風習の具体的な原因を明らかにするために地域内での個別の検討が必要であるとする視点をもった。先の（一）では南武蔵地域を中心とした奈良時代から平安時代まで

の分布と年代の関係を整理し，一定の地域に継続して火葬墓が築かれることを解明した。本論ではこれをうけて，奈良時代に出現する火葬墓の背景について検討していくことにした。

方法論として，火葬墓が出現する以前の古墳について様相を分析して，古墳の地域内でのまとまりを明らかにし，高塚古墳の継続年代・横穴墓の状況・両者の併行関係から類型化をした。その類型化した中で特定の地域に8世紀初頭の火葬墓が出現することから，墓制上での変化はあるが，受容した階層・集団が限定でき，これら地域の横穴墓は銅鋺の副葬の点など で，仏教的要素がみられることから，成立期の火葬墓を生み出した母体になったとした。しかし，相模地域では成立期の火葬墓は検出されず，地域によって仏教の受容＝火葬墓の成立に結びつかないことが理解された。南武蔵地域は横穴墓の関係の他に，火葬墓が出現する地域が多磨郡内の国府・国分寺地域に固まっている傾向があった。これらから，出現の契機として畿内勢力が国分寺造営までの過程で，古墳時代を通して優位にあった北武蔵地域に対抗するため，南武蔵地域の横穴墓を受け入れた階層をとりこみ，懐柔していく手段があったのである。また，この契機は南武蔵地域の社会発展を促し，国分寺造営を境に寺院造営・須恵器生産などの国府所在地としての実質を高めていくのである。なお，本論は展開期とした9世紀後葉以降の火葬墓の分析をもって完結する。
（長谷川厚）

───────────────

佐々木達夫

江戸へ流通した
陶磁器とその背景

国立歴史民俗博物館研究報告　14集
p.189～p.230

───────────────

遺跡から出土する陶磁器を通して，生産と流通という視点から江戸を眺め，また江戸と他地方との

関係を考える。江戸の遺跡の内，陶磁器から江戸をみるためのいくつかの条件を充たし，年代的にほぼ江戸時代を網羅することができる3ヵ所，一ツ橋高等学校内遺跡，動坂遺跡，日枝神社境内遺跡出土の陶磁器を検討し，江戸で用いられた陶磁器の傾向をみる。

遺跡から発掘された陶磁器をみると，江戸に運ばれた陶磁器の生産地には，時代的にいくつかの変化がみられる。わずかながらあった中国磁器が激減すると，国内産の陶器が器種，量共に増加し，やがて磁器にとって代わられる。中国や日本の政治的問題，生産地の技術的問題，また江戸の人々の経済的問題や物資の運搬のありかたなどとの関連で変化する。

生産地からみると，生産技術の向上，磁器生産の開始，貿易品目としての盛衰，消費者の好みなどに影響され，江戸への流入量が変化している。陶器の美濃・瀬戸地方と，磁器の肥前地方は，用途が異なるために共存したが，磁器の消費割合の増大に伴う盛衰がみられた。美濃・瀬戸地方が磁器の生産地として江戸の磁器の主流となるのは，19世紀後半のことである。江戸では土器が常に生産されたが，江戸時代後半には江戸周辺でも陶器生産が活発になった。また，西日本と江戸では出土品の産地ごとの割合が異なり，各産地の全器種が江戸へもたらされたわけでもない。

文献からは，肥前地方の陶磁器生産量と価格の関係，出荷先とその量を知ることができる。また，江戸に流入した陶磁器の産地とその割合の記録からは，実際に出土した陶磁器との比較検討により，流通上の問題点をいくつか指摘できる。出土品の販売方法や価格を裏づけることは難しいが，他の消費物資の価格との関係で，生活の中での陶磁器の位置を知ることもできる。生活における陶磁器の実態を知るには，文献から教えられるところが多い。（佐々木達夫）

文献解題

岡本桂典編

◆**日本古代仏教文化史論考** 石村喜英著 山喜房仏書林刊 1987年5月 Ｂ5判 480頁

『武蔵国分寺の研究』『梵字事典』（共著）など仏教考古学の研究に貢献してきた著者の業績の一端をまとめた論文集。仏教考古学と文献史学関係の論文より構成されており、未発表の4論考も含まれている。

◆**板碑源流考—民衆仏教成立史の研究—** 千々和實著 吉川弘文館刊 1987年9月 Ａ4判 372頁

板碑を中世史の史料として位置づけた著者の板碑関係の論文集である。板碑の発生から消滅までを論じる。

◆**春日社古墳・鳥居塚古墳** 仙台市教育委員会刊 1987年8月 Ｂ5判 94頁

仙台市南西部名取川北岸に位置する大野田古墳群のうち、春日社古墳・大野田3・4号墳・鳥居塚古墳・王の壇古墳に関する調査報告。円筒埴輪・朝顔形埴輪などが検出されており、5世紀末頃の造営と考えられる。

◆**埼玉の古代窯業調査報告書** 埼玉県立歴史資料館刊 1987年3月 Ｂ5判 215頁

埼玉県のほぼ中央部に位置する末野窯跡群と南比企窯跡群を中心に、県下における窯跡の資料を総括したもの。とくに埼玉県内出土の須恵器の変遷についての成果をまとめ、窯跡群の成立背景についても論じている。

◆**槇の内遺跡—第Ⅳ次発掘調査—** 野田市遺跡調査会刊 1987年3月 Ｂ5判 227頁

千葉県野田市の北西部、現在の江戸川から約2km奥に入り込んだ支谷の中流域、標高13～14mの台地上に位置する。旧石器時代の礫群2ヵ所、ナイフ形石器4点のほか、縄文時代の前期黒浜式に比定される住居跡11軒、古墳時代の住居跡1軒、平安時代（国分期）の住居跡5軒が検出されている。土器群のうち、主体をなすものは黒浜式であり、若干諸磯a式など、縄文中・後・晩期の土器も検出されている。

◆**史跡寺地遺跡** 新潟県青海町教育委員会刊 1987年7月 Ｂ5判 511頁

新潟県の西南端、青海町の東を流れる姫川の西に位置する遺跡。遺跡は北陸本線をはさみ南北約600m、東西200mの広がりをもち、縄文時代中期から後期にいたる住居跡群、晩期を主体とする配石遺構・木柱群および横穴1基と中世陶器が検出されている。縄文時代中期に比定される第1号住居跡は硬玉工房跡と推定される。

◆**西川島** 石川県穴水町教育委員会刊 1987年3月 Ａ4判 720頁

能登半島の屈曲点にあたる穴水町の東南部、穴水低地に位置する西川島遺跡群の調査報告。調査区は小又川をはさみ、西より大町・縄手遺跡、御館遺跡、白山橋遺跡、美麻奈比古神社前遺跡、南方の桜町遺跡で、桜町遺跡からは9棟・御館遺跡から11棟・白山橋遺跡から7棟・美麻奈比古神社前遺跡から14棟の掘立柱建物跡などを含む遺構が検出されている。研究編として「中世土師器の編年」「中・近世漆器の編年」「陶磁器・漆器の組成」「建築遺物（柱根・礎板）の変化と社会動向」「中世土錘の分類」「中世村落における信仰の諸形態」「集落の変遷」（四柳嘉章）「銭貨の流通」（芝田悟）ほか5論文を載せる。

◆**西笠子第64号窯跡発掘調査報告書** 静岡県湖西市教育委員会刊 1987年3月 Ｂ5判 70頁

湖西市南部の台地上に位置する窯跡。半地下式の登窯で、時期は7世紀代に比定される。

◆**広合遺跡発掘調査報告書** 沼津市教育委員会刊 1987年3月 Ｂ5判 278頁

静岡県沼津市の愛鷹山麓に位置する。先土器時代の資料として56基の礫群と46ヵ所の石器ブロックおよび層位を異にする石器ブロックが2ヵ所検出され、それに伴う209点のナイフ形石器・21点の削器・15点のピエスエスキーエなどが検出されている。縄文時代早期から中期にかけての土坑16基・土壙7基・集石2基とこれに伴う土器・石器が検出されている。

◆**佐田谷墳墓群** 広島県埋蔵文化財調査センター刊 1987年3月 Ｂ5判 54頁

広島県庄原市を流れる西城川沿いに位置する。遺構は3基の弥生時代墳墓が検出され、1号墓が後期初頭、2号墓が後期前葉、3号墓が中期後葉に属する。1号墓からは4基の埋葬施設が検出され、そのうちの1基は木槨を有すると考えられる。1号墓からは埋葬施設の直上で供献されたと考えられる土器が検出されている。2号墓から埋葬施設は検出されていないが、器台形土器が出土している。3号墓も埋葬施設は未確認で、これらの墳墓は周溝を伴う。

◆**上三谷古墳群—埋蔵文化財発掘調査報告書第21集** 愛媛考古学協会刊 1987年3月 Ｂ5判 204頁

愛媛県の松山平野南端、伊予市を流れ伊予灘に注ぐ大谷川の扇状地に位置する。6世紀の造営とされる古墳5基・近世の墓5基・一字一石経塚などが検出されている。とくに一字一石経塚は標式をもつ石槨式のもので、埋納経典は法華経と推定されている。

◆**杵築小学校校内遺跡—杵築市埋蔵文化財調査報告書第1集** 杵築市教育委員会刊 1987年3月 Ｂ5判 83頁

大分県杵築市に所在する杵築藩武家屋敷に関連する調査報告。検出された遺構は石垣・溝・土坑な

どである。遺物は瓦類・焙烙・土師質土器・焼塩壺・肥前磁器類・陶器などが多数検出されている。

◆**よねしろ考古** 第3号 よねしろ考古学研究会 1987年8月 B5判 68頁

北東北の葬制…………村越 潔
大湯環状列石研究史と今後の課題（2）…………富樫泰時
縄文時代後期初頭土器群の研究（1）―東北地方北部を中心に―…………本間 宏
枯草坂古墳について（上）…………安村二郎
枯草坂古墳出土の玉類…関栄市郎

◆**踏査** 第7号 いわき考古同人会 1987年8月 B5判 26頁

弥生時代中期偽縄文覚書…………佐藤典邦
いわき市冷水遺跡出土人面付石製品の本来的形態………大竹憲治
夏井廃寺出土の刻印瓦について…………中山雅弘
茨城県片山遺跡出土の考古資料…………鵜沼耕一・矢吹裕伯
福島県浪江町百間沢遺跡出土の土偶…………吉野高光
いわき市平・諏訪下横穴墓群出土の須恵器…………比佐泰之
福島県双葉町清戸迫甲群一号横穴墓の調査…大竹憲治・志賀敏行
いわき市住吉・及び後田地内出土考古資料…………櫛田寿宏
いわき市夏井廃寺跡採集瓦の新資料…………水井幸一

◆**国立歴史民俗博物館研究報告** 第13集 国立歴史民俗博物館 1987年7月 B5判 304頁

明石市西八木海岸の発掘調査

発掘調査
発掘前史…………春成秀爾
発掘の概要…春成秀爾・西本豊弘
西八木海岸の地質…………市原 実・稲田卓史
西八木層出土の人工遺物…………春成秀爾

古環境の復元
西八木層の堆積環境…………竹村恵二・亀井節夫
西八木層中の火山灰の起源…………八木浩司
明石海岸の地形学的検討

…………八木浩司
西八木層の大型植物化石群集…百原 新・南木睦彦・粉川昭平
西八木層出土木材の樹種…………鈴木三男・能城修一
西八木層の花粉化石群集…………辻誠一郎
珪藻遺体群による西八木層の堆積古環境…………野口寧世
西八木海岸発掘地のpH分析…………松浦秀治

年代測定
明石海岸の古地磁気年代…………広岡公夫・湯田 紀
西八木層出土木片の^{14}C年代…………小林紘一・吉田邦夫ほか
西八木層出土骨遺残のラセミ化年代…………松浦秀治
明石海岸における火山灰層のフィッショントラック年代…………鈴木正男

考古学
西日本におけるAT下位の石器群…………松藤和人
日本前期旧石器研究の到達点…………岡村道雄

人類学
明石人＝現代人説の検討…………百々幸雄
東アジアにおける旧人段階の化石人類…………山口 敏

古生物学
日本列島における更新世中・後期の哺乳動物化石群……大塚裕之
西八木海岸発掘調査の意義…………春成秀爾

◆**国立歴史民俗博物館研究報告** 第14集 1987年7月 B5判 355頁

共同研究「近世都市江戸町方の研究」
江戸へ流通した陶磁器とその背景…………佐々木達夫

◆**青山史学** 第9号 青山学院大学文学部史学研究室 1987年3月 B5判 96頁

相模川流域の奈良・平安時代の集落遺跡…………清水信行
西表・成屋遺跡発掘調査概報…………青山学院大学屋城調査団

◆**陶説** 第414号 日本陶磁協会 1987年9月 A5判 83頁

古九谷をめぐる覚書……矢部良明
古九谷再考…………嶋崎 丞
肥前古窯における初期の色絵素地について―中・大皿を中心として―…………大橋康二
古九谷は初期の伊萬里色絵…………小木一良
色絵牡丹唐草文輪型扁壺をめぐって…………西田宏子
古九谷の周辺にいて……岡本宗叡
古九谷有田説は誤った解釈ではなかろうか…………今泉元佑

◆**東京大学文学部考古学研究室研究紀要** 第6号 1987年6月 B5判 185頁

昂々溪採集の遺物について―額拉蘇C（オロス）遺跡出土遺物を中心として―…………大貫静夫
額拉蘇C遺跡出土の貝殻混和土器について…………西田泰民
額拉蘇C（オロス）遺跡出土の動物遺存体と骨角器……直良信昌・金子浩昌・平井尚志
石皿・磨石・石臼・石杵・磨臼（Ⅳ）―アナトリア―…藤本 強
土器編年の年代幅と集落研究について―相模地域の奈良・平安集落遺跡出土土器から…上田 真
縄文時代特殊住居論批判―「大形住居」研究の展開のために―…………菅谷通保
集落の様相にみる古墳築造の条件―空間的視点からの方法論的予察―…………倉林真砂斗

◆**東洋大学文学部紀要** 第40集史学科篇ⅩⅡ 東洋大学文学部 1987年2月 A5判 102頁

墨書土器小考（二）―墨書土器研究への一試論―…………玉口時雄

◆**研究紀要** 第3号 山梨県立考古博物館・山梨県埋蔵文化財センター 1987年3月 B5判 100頁

縄文時代前期末～中期初期の土器底部にみられる編物痕について…………長沢宏昌
山梨県の三角壔形土製品…………田代 孝
甲斐国巨麻郡の成立と展開…………末木 健
甲斐国府―その環境と展望―…………坂本美夫

上の平遺跡住居址から出土した炭化種子の同定
　　……笠原安夫・藤沢　浅

◆**長野県考古学会誌　第54号**　長野県考古学会　1987年8月　B5判　45頁
荒屋遺跡の細石刃文化資料
　　……堤　隆・綿貫俊一
大井城跡の竪穴状遺構…小山岳夫
土師器長頸瓶について…花岡　弘
八ヶ岳南麓出土の石皿二例
　　……平出一治
寺平遺跡出土の梵鐘竜頭鋳型について……伊藤　修

◆**福井考古学会会誌　第5号**　福井考古学会　1987年3月　B5判　134頁
斎藤優先生略年譜および著作一覧
若越条里の研究………斎藤　優
『若越条里の研究』の学史的意義
　　……白崎昭一郎
三角縁神獣鏡の考察(その三)一景初四年銘盤龍鏡をめぐって一
　　……白崎昭一郎
福井県における舟型石棺の変遷について………白崎　卓
経ヶ塚古墳と朝日山古墳について
　　……青木豊昭
若狭・城山古墳の再検討
　　……古川　登
越前南部の古代寺院と生産遺跡の動向について………久保智康
越前における板碑の一例
　　……山本昭治
玄達瀬から発見された越前焼
　　……田中照久

◆**古代文化　第39巻第7号**　古代学協会　1987年7月　B5判　52頁
特輯先土器時代の礫群をめぐって
礫群の形成過程復原とその意味
　　……辻本崇夫
礫群使用の非日常性について
　　……保坂康夫
先土器時代の礫群研究史一その研究意義と今後の課題一
　　……金山喜昭

◆**古代文化　第39巻第8号**　1987年8月　B5判　48頁
いわゆるミニュアス土器とギリシア本土の中期青銅器文化成立期をめぐる諸問題………周藤芳幸

集安高句麗土器の基礎的研究
　　……耿　鉄華・林　至徳
　　　　　緒方　泉訳

◆**古代文化　第39巻9号**　1987年9月　B5判　50頁
東北アジアの初期鉄器時代
　　……村上恭通
南部ヴェトナムの青銅器文化
　　……横倉雅幸

◆**古代を考える　第45号**　古代を考える会　1987年7月　B5判　100頁
下野国府跡の発掘調査について
　　……木村　等
下野国府跡出土遺物について
　　……田熊清彦
国府の歴史地理的諸問題
　　……木下　良

◆**島根考古学会誌　第4集**　島根考古学会　1987年7月　B5判　135頁
山陰古式土師器の型式学的研究一島根県内の資料を中心として一
　　……花谷めぐむ
東伯耆における横穴石室の様相
　　……近藤哲雄
荒神谷遺跡の銅鐸・銅矛と山陰地方の青銅器をめぐる諸問題
　　……編集子
銅鐸研究の現状と課題…難波洋三
山陰地方の銅鐸一荒神谷遺跡を中心に一………柳浦俊一
中広銅矛細分試論一荒神谷遺跡出土銅矛を中心として…松本岩雄
浜田市郷土館所蔵おに瓦
　　……内田律雄
出雲市矢野遺跡出土の縄文土器
　　……池田満雄・足立克巳
古曽志大谷1号墳保存運動と島根考古学会のとりくみ
　　……島根考古学会事務局

◆**考古学研究　第34巻第2号**　考古学研究会　1987年9月　A5判　142頁
先土器・縄文時代の時期区分と時代区分一学史を中心にして一
　　……戸沢充則
弥生時代の時期区分原理について
　　……森岡秀人
古墳時代の時期区分をめぐって
　　……和田晴吾
竪穴石室の研究一使用石材の分析

を中心に一(下)………宇垣匡雅
小鞍の発生一平城京出土「軛」の再検討一………河野通明
石・古墳・淡路………西口陽一

◆**古文化談叢　第18集**　九州古文化研究会　1987年4月　B5判　206頁
初期須恵器の地域相Ⅲ
対馬・コフノ隊遺跡出土陶質土器の産地推定
　　……藤田和裕・三辻利一
　　　　　杉　直樹・伊藤尚志
佐賀県出土古式須恵器の産地推定一第2報一
　　……蒲原宏行・三辻利一
　　　　　岡井　剛・杉　直樹
福岡市・飯盛遺跡出土陶質土器の産地推定…横山邦継・下村　智
　　　　　三辻利一・杉　直樹
西遺跡(山口県)出土須恵器の産地推定…小田村　宏・菅波正人
　　　　　三辻利一・黒瀬雄士
奈良県天理市星塚1・2号墳,小路遺跡出土陶質土器の産地推定と考古学的予察
　　……泉　武・三辻利一
　　　　　西川佳菜・吉田和美
山形県・お花山古墳群,物見台遺跡,願正壇遺跡出土の須恵器の産地推定…阿部明彦・三辻利一
　　　　　岡井　剛・上田信夫
福岡市金武小学校所蔵の須恵器
　　……中村　勝・横山邦継
播磨出合遺跡出土の「陶質土器」・朝鮮三国系軟質土器・初期須恵器………鎌木義昌・亀田修一
出雲の子持壺………昌子寛光
島根県東出雲町堤谷1号墳出土の須恵器…浅沼政誌・宍道年弘
豊前における初期瓦の一様相一大分県中津市伊藤田窯跡群で生産された初期瓦
　　……村上久和・吉田　寛
　　　　　宮本　工
塞ノ神式土器小考………松永幸男
北九州市・曽根平野の首長層居宅(予察)………武末純一
島根県斐川町西石橋遺跡の中世墓
　　……川原和人・桑原真治
新院で高句麗時代の大きな都市遺跡発見………チェ・チャンビン
　　　　　南　秀雄訳

学界動向

「季刊 考古学」編集部編

─────九州地方

3C末～4C前半の豪族居館跡　大分県教育委員会が発掘調査を進めている日田市大字小迫字辻原の小迫原（おざこばる）遺跡で古墳時代前期初頭（3世紀末～4世紀前半）とみられる居館跡が発見された。居館跡は周囲に堀をめぐらしたほぼ正方形の遺構（一辺約47mと約37m）が隣りあって2つ並ぶもので，堀は幅2～3m，深さ1～1.5m。堀の内側からは掘立柱式建物跡や柵をめぐらした跡が確認された。堀の底部に近い部分から炭化木材などとともに布留系の土器が出土したことから，古墳時代前期初頭のものであることがわかった。豪族居館は群馬県などで発見されているが，いずれも5～6世紀のもので，小迫原遺跡の居館跡は，わが国最古の豪族居館となる。

平安末～鎌倉初期の木棺墓　大分県日田市教育委員会が調査を進めている日田市朝日町の朝日宮ノ原遺跡で，中国の青磁碗や銅鏡など多くの副葬品を伴った平安時代末期から鎌倉時代初期の木棺墓5基が発見された。副葬品が多数みつかった墓は長さ2.4m，幅1.4mの墓壙の中に鉄釘29本がほぼ長方形をなして散在しており，釘の配置から木棺は長さ2.0m，幅55cmだったとみられる。敷き詰めたとみられる木炭が墓壙一面から出土，人骨は識別できなかったが，頭部と思われる付近からほぼ完形をなす中国竜泉窯の青磁碗2点，中国浙江省銘入りの銅製湖州鏡，中国景徳鎮窯の合子のほか，はさみ，竹製の籠，銚子2点，土師皿5点，さらに胸部付近から37玉からなる水晶製の数珠がみつかった。他の4基からは目立った副葬品はなかったが，木棺に使ったとみられる鉄釘は3基から出土し

た。同遺跡は日田市北部の標高約100mの台地上にあり，豪族館跡がみつかった小迫原遺跡から北西1kmの地点。中世の墓，建物跡，弥生時代中期の竪穴住居跡13軒や土壙などが発見されている。

鴻臚館の建物跡を確認　福岡市中央区城内の平和台球場で発見された古代の対外交渉の窓口とされる鴻臚館跡を発掘していた福岡市教育委員会は先ごろ建物2棟分の版築部分を確認した。この版築は1枚の厚さ5～10cmの土層を2m以上に積み上げたもので，一部重複した一辺8.6m以上と8m以上の建物があったとみられている。また鴻臚館関連の溝や造成の跡も発見されており，鬼瓦片の出土とも合わせて，この付近に主要な建物があったことがわかった。さらにペルシャ伝来のガラス器2個体分をはじめ，イスラム陶器片，中国・唐・五代の青磁・白磁多数が出土し注目された。ガラス器は瑠璃色をした瓶と碗で，出土例のない貴重なもの。また青磁・白磁は越州窯の花文入り青磁碗や長沙窯の水注，婺州（ぼうしゅう）窯の双耳壺など高級品ばかりだった。これらはいずれも9世紀後半～11世紀にかけて埋められたとみられる土壙から発見されており，シカやイノシシ，鳥の骨なども出土したことから，この場所での食事の内容がうかがわれる。

前方後方形周溝墓？　福岡県八女市教育委員会が発掘調査を進めている同市国武中里の中里遺跡で弥生時代後期（3世紀中頃～後半）の前方後方形周溝墓とみられる遺構が発見された。溝に囲まれた内側は全長42.7m，幅は28.5～21.3mで，溝は幅3.0～3.5m，深さ約1mで，溝の底部から刷毛目模様のある弥生後期の土器が出土した。周溝の内側は奈良時代から平安時代にかけて行なわれた条里制

で破壊されているため主体部は不明だが，前方後方形の周溝墓なら九州でも初めての例となる。

─────中国地方

方墳から内行花文鏡　山口県熊毛郡田布施町教育委員会と山口県埋蔵文化財センターが発掘調査を続けている田布施町大字川西の国森（くにもり）古墳から銅鏡1面や鉄剣などが出土，4世紀代にさかのぼり，県下最古の古墳のひとつとなる可能性も考えられている。同古墳は一辺28m，高さ4mの方墳で，主体部は2段掘りの壙の底に朱を塗った木棺が納められていたとみられる。木棺の周辺からは直径9cmの銅鏡1面，鹿角把頭，鉄剣1本，鉄槍1本，鉄鉾1本，鉄鏃39点，鉄鉇1点，鉄ノミ1点，鉄斧2点，鉄削刀子3点が出土した。銅鏡は内行花文昭明鏡。前漢鏡を副葬するという全国でもきわめて稀な例となった。鉄削刀子も京都府椿井大塚山古墳に類例があるが，稀有なものと考えられ，玉類を副葬していないことと合せて，瀬戸内の前期古墳を考える上で特異な古墳となった。

弥生時代の貝塚　出雲市古志町の本郷遺跡で出雲市教育委員会による発掘調査が行なわれ，同遺跡が弥生時代から近世に至る集落跡であることがわかった。同調査は斐伊川・神戸川治水事業に伴う遺跡範囲確認調査で，弥生時代の汽水産シジミの貝塚4ヵ所や竪穴住居跡などがみつかった。貝塚は厚さ30cm，幅50cm前後の小さなもので，また竪穴住居跡は柱穴4基を有する弥生時代後期のもの。溝状遺構や土壙などのほか，弥生後期の甕，壺，土師器などが多数出土した。

弥生前期の甕棺墓　岡山市教育委員会が市道建設に伴い発掘調査を実施した岡山市沢田（市道）遺

跡から，弥生前期中葉の合口式甕棺がほぼ完全な姿で発掘された。甕棺は直径 50cm，深さ 40cm の土壙内に，鉢を蓋とし，斜傾状態で埋置されていた。甕の口径 30cm，高さは約 45cm。鉢の口径 35cm，高さは約 30cm。甕の口縁端部に刻み目，口頸部に沈線が巡る。胴部には打ち欠き孔がみられる。この甕棺の周辺には，壺棺（現存高 70cm）や木棺痕跡および供献土器を持つ土壙墓数基も検出されており，弥生前期の墓制を考えるうえで貴重な資料を提供した。さらに，弥生中・後期や古墳時代の水田跡および弥生後期の住居跡・井戸などをも検出しており，弥生時代における集落変遷の一端を明らかにした。

───────────近畿地方

御願塚古墳に二重濠　伊丹市御願塚の御願塚古墳に二重の濠が存在することが先ごろ伊丹市教育委員会の発掘調査でわかった。御願塚古墳は尼崎市北部から伊丹市にかけての古墳では唯一原形のまま残っている古墳で，5世紀後半の帆立貝式古墳。全長52mの墳丘のまわりを幅 8〜11m の濠がめぐっている。今回マンション建設に伴って発掘調査が行なわれたところ内濠から 8〜10m ほど外側で新たな濠が発見された。濠は幅 3.5〜4.0m，深さ0.3mで，調査区域が狭いため長さ 7.4m しか確認されなかったが，緩やかな弧を描いていることから，古墳全体をまわっていたとみられる。また二番目の濠からは 5世紀後半の円筒，形象埴輪の破片約300点もみつかった。

長屋王邸宅を示す木簡　長屋王の変（729）で自殺した左大臣・長屋王の邸宅を示す「長屋皇宮」と記した木簡が奈良市二条大路南 1 のデパート建設予定地から発見された。現場は平城京左京三条二坊の一郭に当たる場所で，奈良国立文化財研究所が調査を進めていた。この木簡は長辺 2m 前後の長方形で深さ 2m の土壙から出土した 230 点の中に 3 点含まれており，赤外線テレビで解読された。いずれも俵につけられた荷札で，「（表）長屋皇宮俵一石春人夫」「（裏）羽咋直嶋」が 2 点と「（表）長屋皇宮一石」「（裏）羽咋直嶋□」が 1 点。このほか「霊亀三年」「養老元年」と記されたものや，犬の食料に関する木簡も 2 点あった。昨年夏にはこの地域が 8 世紀初めに 4 町もの広さをもつ宅地であったことが確認され，しかも東西棟 2 棟が軒を接して並ぶという珍しい双堂形式であったことから，長屋王の邸宅であることは確実とされている。また付近からは緑釉や三彩の瓦をはじめ50点を超える硯も出土している。

2 古墳から大量の木製品　奈良県橿原，天理両市の古墳 2 基から盾や鳥，杖頭などを象った 600 点以上の木製品が発見され，原形に近いものだけでも300点を数えた。出土したのは橿原市四条町の四条古墳（一辺40mの方墳で西側に突出部を有す，5 世紀後半）と天理市杣之内町の小墓（おばか）古墳（長さ 85m の前方後円墳，6 世紀前半）で，周濠からは木製品とともに冠をかぶったり入れ墨を施す人物埴輪などもたくさん出土した。県立橿原考古学研究所が発掘調査した四条古墳は 7 世紀末の藤原京造営時に墳丘を削られており，濠は 2 重で幅5〜6m。内濠に埋まった500点を超す木製品が出土し，原形がわかるものだけでも約 150 点あった。主なものは蓋を模した笠形（直径 23〜40cm）44 点，盾形（長さ 1.2m）26点のほか鳥形，靏形，杖頭形，櫂状のもの，矛・弓・刀といった武器形などで，大半はコウヤマキで作られ

ている。一方，天理市教育委員会が発掘調査した小墓古墳の濠は幅約13mで，笠形65点をはじめ，耳杯形，大刀形，矛形など計 160 点が出土した。一部にホオノキ（耳杯）が混じるが大半はコウヤマキ製。さらに 6 カ所の柱穴に長さ50cm ほどの木が残っていたことから，この木の柱に木製品を差し込んで立て並べたか，門か柵の上に木製品を並べたのではないかとみられている。

平安前期の木製琴　滋賀県蒲生町教育委員会が調査を進めている蒲生郡蒲生町大塚の杉ノ木遺跡の溝跡から平安時代前期の三絃の大型の琴がほぼ完全な形で出土した。琴板は長さ158cm，幅15〜23cm，厚さ 3cm。材質は杉かヒノキで，3 本の絃を通す絃孔や絃を引っかける琴尾の突起物などがあり，首にあたる部分がくびれた珍しい構造のもの。現在伊勢神宮に保管されている伝世品の鵄尾琴（とびのおのこと）（奈良時代）に極めて似ている構造で，鵄尾形の三絃琴はきわめて珍しい。

───────────中部地方

縄文中期のトチの実　愛知県東加茂郡足助町中立の日陰田遺跡で足助町教育委員会による発掘調査が行なわれ，縄文時代中期のトチの実やドングリが貯蔵穴の中から発見された。現場は矢作川に合流する摺小川の小さな支流に沿った山麓の畑の中。貯蔵穴は地表下約 1.1m のところに 75cm×60cm，深さ約 40cm の楕円形に掘り込まれており，トチの実やドングリが合わせて数百個分発見された。近くからはほぼ同時期の中央に炉を伴った住居跡も発見されている。

完形の三遠式銅鐸　浜松市が浜松市文化協会に委託して発掘調査を進めていた，浜松市都田町前原Ⅷ遺跡の地下約30cm の所から，

107

学界動向

穴の中に横にねかせ鰭をたてた状態の銅鐸が発見された。この銅鐸は高さ68cmで，鈕の形や突線の配置法などからみて，三河・遠江を中心に分布する三遠式（弥生時代後期）であることがわかった。銅鐸を埋納した当時の状態が，発掘調査で確認されたのは珍しい。

縄文人の骨180体　長野県埋蔵文化財センターが中央道長野線の建設に伴って調査を進めていた長野県東筑摩郡明科町光の北村遺跡で縄文時代後期の土壙約780基が発見され，この中から約180体にも上る人骨が出土した。遺跡は犀川沿いの河岸段丘上に位置し，深さ4～7mほど掘ったところから墓がみつかった。抱石葬，カメ被り葬，屈葬など種々の形態があり，うち約55体はほぼ完全な形で残っていた。遺跡からは同時代の柄鏡形住居跡も出土しているが，内陸部でこれだけ大量の縄文人骨がみつかったのは珍しく，今後独協医科大学解剖学教室で詳しく調べることになっている。

4世紀の木製玉杖　石川県立埋蔵文化財センターが発掘調査を進めている金沢市畝田4丁目の畝田遺跡から4世紀ごろとみられる木製玉杖の頭部と，円弧状の文様を彫った弧文板の一部が発見された。いずれも同遺跡を南北に通る幅15～20m，深さ2.5mの溝から出土したもので，玉杖は長さ15.5cm，最大幅5.5cm。一木造りで全面に黒漆が塗られている。木製の玉杖はこれまで千葉県菅生遺跡と鳥取県塞ノ谷遺跡の2カ所しか発見されていない。弧文板は長さ13cm，幅5.5cmで，文様は奈良県纒向遺跡から出土した弧文板と構成が基本的に同じであることがわかった。直弧文の祖形と考えられている。ともに祭祀用品とみられており，畿内と関わりの深い首長の存在がうかがわれる。

関東地方

永福寺は南北130m　源頼朝が造営したが15世紀中ごろには廃寺となった鎌倉市二階堂の永福寺（ようふくじ）跡で鎌倉市教育委員会による発掘調査が行なわれ，伽藍の規模は南北約130mにもわたる大きなものであることがわかった。鎌倉市では史跡公園として復元整備するため，57年度から調査を開始し，これまでに二階堂を中心に右（北）に薬師堂，左（南）に阿弥陀堂を対称の形で確認した。今回薬師堂北側を発掘したところ，柱間1間で南北5間(13.8m)×東西7間(17.9m)の翼廊を発見，先に発見された南端の翼廊と対をなすことがわかった。またこの翼廊跡から14世紀後半の土器がまとまって出土したことから，14世紀後半にはすでに翼廊がなかったのではないかとみられている。

横浜市で7世紀の横穴墓　横浜市中区本牧2丁目の民家裏の崖面から横穴墓が発見され，神奈川県教育委員会の依頼をうけた佐藤安平市立桜丘高校教諭らが調査に当たった。横穴は5基発見されたが，うち横穴墓と断定されたのは3基で，発見された土師器や横穴墓の形態などから7世紀後半のものであることがわかった。いずれも現在残っているのは玄室部分のみで奥にゆくほど幅が広がる羽子板状アーチ型のものであり，1号墓より成人男子のものとみられる大腿骨や脊髄骨，肋骨などが発見された。横浜市の中心地である中区内で具体的に調査されたのはこれが初めてで，本牧地区の古墳時代の歴史を埋める貴重な資料となり，うち2基は現状保存されることとなった。

市原の小円墳から銘文入り鉄剣　市原市山田橋の稲荷台古墳群から出土した鉄剣に銀象嵌の銘文が刻まれていたことが国立歴史民俗博物館のエックス線鑑定で明らかになった。この鉄剣は上総国分寺台遺跡調査団が昭和51年に稲荷台1号墳から発掘したもので，古墳は直径27m，盛土の高さ2.23m以上の周溝をめぐらした円墳で，現在は消滅している。鉄剣は2基直葬された木棺のうちの中央棺から出土したもので，発掘時は4片に折れていたが推定全長約73cm，幅3.0～3.3cmの両刃の鉄剣であることがわかった。文字は剣身の鎬右側部分に「（表）王賜□□敬□」「（裏）此廷刀□□□」と6文字ずつが銀象嵌されていた。1個の文字は約7mm四方の大きさだが，「王賜」の2文字のみ他よりひと回り太い線で刻まれ，また裏の文字より2字分高い所から始まっている。中央棺からはほかに鉄剣2振・鋲留短甲片・鉄鏃・刀子など，北棺からは太刀1振・鉄鏃・胡籙片・きさげ状工具・砥石，周溝からは須恵器の無蓋高杯・甕・土師器の高杯などが出土した。土器の年代は5世紀中葉から後半の早い段階に比定されることから，この鉄剣はこれより数十年以上前の製作とみることもでき，埼玉県稲荷山古墳出土辛亥銘鉄剣（471年）より古いことになる。また畿内王権と東国の中小豪族との直接的関係を考える上に貴重な資料とみられている。

旗をつけた馬埴輪　行田市教育委員会が調査を進めていた行田市酒巻にある酒巻古墳群（前方後円墳2基，円墳12基）中の酒巻14号墳（直径約40mの円墳）から6世紀後半と推定される旗をつけて正装した馬の埴輪が発見された。墳丘を囲む2列の埴輪列は外側が円筒埴輪，内側が形象埴輪で，円筒埴輪は74本，形象埴輪は馬と馬をひく人のセット3組，正装した男女が交互に6体検出された。旗を

装着した埴輪は高さ75cm，長さ85cmで，片手を挙げ手綱を引いた格好の人物埴輪に伴われていた。馬の鞍の後部には蛇行状鉄器を模したとみられる付属品がついており，これに装着する旗状の埴輪（高さ33cm）も出土した。これまで不明だった蛇行状鉄器の用途を知る手がかりになるものとみられている。さらに人物埴輪の中にはまわしかふんどしをつけたと思われるものや，頭に三角形の冠をつけたもの，笑う埴輪なども含まれている。

山王塚古墳は前方後円墳 栃木県しもつけ風土記の丘資料館が発掘調査を進めていた下都賀郡国分寺町国分の山王塚古墳はこれまでいわれていたような前方後方墳ではなく前方後円墳であることがわかった。調査の結果，推定墳長は55m，幅8mある周濠の外縁まで含めた全長は100mを超える大きなもので，墳丘が崩れたり，墳丘と周濠の間に約20mもの広い基壇（平坦面）があることなどから後方墳と紛れたらしい。6世紀末に築造された県南最後の大規模な前方後円墳とみられる。またくびれ部に近い前方部側に凝灰岩（大谷石）を用いた横穴式石室が確認されていることから，後円部にも石室が存在する可能性がある。

─────────東北地方

弥生前期の水田跡 弘前市教育委員会が村越潔弘前大学教授の指導で進めていた弘前市三和の砂沢遺跡で，弥生時代前期の水田跡が発見された。大きいもので15.5m×6m，小さいもので10.5m×6.5mほどの長方形の水田を畦畔が囲み，水田の西縁に幅約1.5m，深さ約60cmの水路が走っている。水路およびそれを覆う土層から弥生前期の砂沢式の浅鉢や壺・甕などが多数出土，土壌分析でもプラ

ント・オパールを検出した。このほか土偶や土版・石鏃・石刀など縄文時代の伝統を残す出土品が同じ地層からみつかり，縄文晩期から弥生前期への過渡期の遺跡であることがわかった。同県田舎館村の垂柳遺跡より150～200年も古い水田跡とみられており，西日本からの稲作の伝播が想像以上に早かったことを裏づけている。

─────学会・研究会・その他

新たに7件を史跡に答申 文化財保護審議会（斎藤正会長）は国の文化財として石川県の真脇遺跡など7件を史跡に指定するよう中島文部大臣に答申した。これで国指定の史跡は1,272件となる。
○入江貝塚（北海道虻田町） 縄文時代後期を中心とする貝塚でウニ・ホタテ・ニシンなどが出土。
○中沢目貝塚（宮城県田尻町） 縄文時代後・晩期の貝塚。内陸の淡水産貝塚では最も保存良好。
○根古谷台遺跡（宇都宮市） 縄文時代前期の墓を囲んだ長方形の大型建物群。
○真脇遺跡（石川県能都町） 縄文時代の集落跡で，イルカの骨をはじめ動植物遺体を大量に出土。
○黒井城跡（兵庫県春日町，市島町）中世末期の赤井氏の居城。
○鳥取藩台場跡（鳥取県大栄町，境港市など）江戸時代末期，鳥取藩が作った台場跡。
○萩往還（山口県萩市，防府市など）萩城と防府間の参勤交代道。

日本考古学協会第54回総会 日本考古学協会（桜井清彦委員長）は第54回総会を新築なった埼玉県産業文化センター（大宮駅西口徒歩2分，31階ビル）で4月30日～5月2日の3日間開催する。
○4月30日（土）総会・講演会
＜記念講演会＞ 稲荷山発掘20周年・辛亥銘鉄剣発見10周年記念
　柳田敏司：辛亥銘鉄剣の発見

　金井塚良一：埼玉古墳群の概要
　佐々木稔：鉄剣の材質と古代の鍛造技術
　上田正昭：辛亥銘鉄剣と古代史
○5月1日（日）研究発表会および図書交換会
○5月2日（月）見学会
　なお，秋期大会は10月8日～10日の3日間，静岡市市民文化会館において開催される予定。

江戸遺跡研究会第1回大会 江戸遺跡および近世考古学に関心をもつ人々の集まりである江戸遺跡情報連絡会は本年より「江戸遺跡研究会」と名称変更し，第1回大会を「江戸の食文化」をテーマとして1月30日，31日の両日，東京・豊島区勤労福祉会館において開催した。
＜事例報告＞
　西田泰民：出土陶磁器にみえる食文化
　長佐古真也：近世「徳利」の諸様相
　小川望：焼塩壺―東大構内遺跡出土資料を中心に―
　辻真人：焙烙の変遷
　中井さやか：漆椀―近世遺跡出土資料を中心として―
　萩尾昌枝：「池」出土の木製品
　金箱文夫：食品加工用具―都立一橋高校地点出土資料を中心に―
　秋元智也子・小宮猛：江戸の大名屋敷出土の魚骨について
　桜井準也：動物遺体からみた大名屋敷の食生活
＜専門各論＞
　原田信男：江戸の料理史と食文化
　矢部良明：江戸の食生活とやきもの
　仲野泰裕：江戸で使われた瀬戸と美濃窯産の食器
　渡辺誠：焼塩壺
　須藤護：漆椀の製作と民俗
　金子浩昌：江戸時代の動物質食料

109

▨第24号予告▨

特集　古墳時代の土器—土師器と須恵器

1988 年 7 月 25 日発売
総 112 頁　1,800 円

土師器と須恵器…………中村　浩・望月幹夫
土器の編年
　弥生土器から土師器へ……………関川尚功
　須恵器の登場………………小田富士雄
　土師器の編年………………望月幹夫
　須恵器の編年………………中村　浩
　古墳時代末期の土器………小笠原好彦
生産と流通
　古墳と土器………………土生田純之
　集落と土器………………置田雅昭
　模倣土器………………酒井清治
　運ばれた土器………………加納俊介
　須恵器の窯跡群—東日本………伊藤博幸
　　　　　近　畿…………藤原　学

中・四国………松本敏三
九　州…………舟山良一
土師器研究の標識遺跡—東日本…松尾昌彦
　　　　　　　　西日本…古谷　毅
参考文献………………冨加見泰彦

<連載講座>　日本旧石器時代史　9
　　　…………………………岡村道雄
<調査報告>
<書　評>
<論文展望>
<文献解題>
<学界動向>

編集室より

◆「縄文の後晩期以後に徐徐に朝鮮からの先進文化の流入があり，それを在来的要素と融合させながら受容しつつ弥生文化へ漸次発展していった」と橋口達也氏は記し，橋本澄夫氏は，今日からみれば「弥生時代から始まる新しい要素をあげるより縄文時代から残された要素を摘出する方が難しい」という。一つの文化から他の文化の移行への時期こそ大きな歴史的ドラマである。このドラマの比較・検討こそお互いの文化の特質を際立たせることになろう。と同時に，その変化のありようの中に，文明史の構造解明につらなる要素も見出されるはずである。
　　　　　　　　　（芳賀）

◆従来，縄文晩期とされていたある段階が縄文時代なのか弥生時代なのかという問題が最近注目を集めている。縄文時代に稲作があったのではなく，稲作の行なわれた段階から弥生時代とすべきだとの説もある。また東北地方にもこれまでの常識を越える早さで稲が伝わった証拠が次々とみつかっている。簡単に比較できるものではないことを承知の上で，本号に縄文と弥生の比較を試みた。違いを摘出することによって2つの文化の本質に迫ることができれば幸いである。　（宮島）

本号の編集協力者——乙益重隆（國學院大學教授）

1919年熊本県生まれ，國學院大學卒業。『装飾古墳と文様』（古代史発掘8）『上総菅生遺跡』「弥生時代の遺跡にあらわれた信仰の形態」（神道考古学講座1）などの編著・論文がある。

▨本号の表紙▨
徳島市名東町出土の銅鐸

　地下に埋納された青銅器の出土地点が，最初から明らかな例はめったにない。ここに掲げた名東（みょうどう）遺跡出土の銅鐸は1984年6月，開発にともなう事前調査にあたり，偶然に発見された珍しい例である。
　銅鐸は高さ 39.5cm，幅 19.5cm，鰭幅約 10cm を有する扁平鈕式で，袈裟襷文を6区画に配している。埋納壙は長さ 60cm，幅 35cm，深さ約 30cm を有し全体は隅丸長方形を呈する。埋納にさいしては鰭部を上下にし，整然と横たえていた。
　現地は縄文晩期，弥生中期，古代・中世遺構などの複合遺跡である。なお写真の右手にならぶ柱穴は中世のもので，銅鐸とは関係がない。（写真は徳島市教育委員会提供）
　　　　　　　　　　　　　　（乙益重隆）

▶本誌直接購読のご案内◀

『季刊考古学』は一般書店の店頭で販売しております。なるべくお近くの書店で予約購読なさることをおすすめしますが，とくに手に入りにくいときには当社へ直接お申し込み下さい。その場合，1年分の代金（4冊，送料は当社負担）を郵便振替（東京3-1685）または現金書留にて，住所，氏名および『季刊考古学』第何号より第何号までと明記の上当社営業部までご送金下さい。

季刊 考古学　第23号　　　　1988年5月1日発行
ARCHAEOLOGY　QUARTERLY　　　定価 1,800 円

編集人　芳賀章内
発行人　長坂一雄
印刷所　新日本印刷株式会社
発行所　雄山閣出版株式会社
　　　　〒102　東京都千代田区富士見 2-6-9
　　　　電話 03-262-3231　振替 東京 3-1685
（1988年1月より1年半の間は次の住所です。〒162　東京都新宿区白銀町20）
ISBN 4-639-00717-5　printed in Japan

季刊 考古学 **オンデマンド版** **第 23 号** 1988 年 5 月 1 日 初版発行
ARCHAEOROGY QUARTERLY 2018 年 6 月 10 日 オンデマンド版発行

定価（本体 2,400 円＋税）

編集人　芳賀章内
発行人　宮田哲男
印刷所　石川特殊特急製本株式会社
発行所　株式会社　雄山閣　http://www.yuzankaku.co.jp
〒 102-0071　東京都千代田区富士見 2-6-9
電話 03-3262-3231　FAX 03-3262-6938　振替　00130-5-1685

◆本誌記事の無断転載は固くおことわりします　ISBN 978-4-639-13023-9　Printed in Japan

初期バックナンバー、待望の復刻 !!
季刊 考古学 OD　創刊号〜第 50 号〈第一期〉
全 50 冊セット定価（本体 120,000 円＋税）　セット ISBN：978-4-639-10532-9
各巻分売可　各巻定価（本体 2,400 円＋税）

号　数	刊行年	特集名	編　者	ISBN（978-4-639-）
創刊号	1982 年 10 月	縄文人は何を食べたか	渡辺 誠	13001-7
第 2 号	1983 年 1 月	神々と仏を考古学する	坂詰 秀一	13002-4
第 3 号	1983 年 4 月	古墳の謎を解剖する	大塚 初重	13003-1
第 4 号	1983 年 7 月	日本旧石器人の生活と技術	加藤 晋平	13004-8
第 5 号	1983 年 10 月	装身の考古学	町田 章・春成秀爾	13005-5
第 6 号	1984 年 1 月	邪馬台国を考古学する	西谷 正	13006-2
第 7 号	1984 年 4 月	縄文人のムラとくらし	林 謙作	13007-9
第 8 号	1984 年 7 月	古代日本の鉄を科学する	佐々木 稔	13008-6
第 9 号	1984 年 10 月	墳墓の形態とその思想	坂詰 秀一	13009-3
第 10 号	1985 年 1 月	古墳の編年を総括する	石野 博信	13010-9
第 11 号	1985 年 4 月	動物の骨が語る世界	金子 浩昌	13011-6
第 12 号	1985 年 7 月	縄文時代のものと文化の交流	戸沢 充則	13012-3
第 13 号	1985 年 10 月	江戸時代を掘る	加藤 晋平・古泉 弘	13013-0
第 14 号	1986 年 1 月	弥生人は何を食べたか	甲元 真之	13014-7
第 15 号	1986 年 4 月	日本海をめぐる環境と考古学	安田 喜憲	13015-4
第 16 号	1986 年 7 月	古墳時代の社会と変革	岩崎 卓也	13016-1
第 17 号	1986 年 10 月	縄文土器の編年	小林 達雄	13017-8
第 18 号	1987 年 1 月	考古学と出土文字	坂詰 秀一	13018-5
第 19 号	1987 年 4 月	弥生土器は語る	工楽 善通	13019-2
第 20 号	1987 年 7 月	埴輪をめぐる古墳社会	水野 正好	13020-8
第 21 号	1987 年 10 月	縄文文化の地域性	林 謙作	13021-5
第 22 号	1988 年 1 月	古代の都城―飛鳥から平安京まで	町田 章	13022-2
第 23 号	1988 年 4 月	縄文と弥生を比較する	乙益 重隆	13023-9
第 24 号	1988 年 7 月	土器からよむ古墳社会	中村 浩・望月幹夫	13024-6
第 25 号	1988 年 10 月	縄文・弥生の漁撈文化	渡辺 誠	13025-3
第 26 号	1989 年 1 月	戦国考古学のイメージ	坂詰 秀一	13026-0
第 27 号	1989 年 4 月	青銅器と弥生社会	西谷 正	13027-7
第 28 号	1989 年 7 月	古墳には何が副葬されたか	泉森 皎	13028-4
第 29 号	1989 年 10 月	旧石器時代の東アジアと日本	加藤 晋平	13029-1
第 30 号	1990 年 1 月	縄文土偶の世界	小林 達雄	13030-7
第 31 号	1990 年 4 月	環濠集落とクニのおこり	原口 正三	13031-4
第 32 号	1990 年 7 月	古代の住居―縄文から古墳へ	宮本 長二郎・工楽 善通	13032-1
第 33 号	1990 年 10 月	古墳時代の日本と中国・朝鮮	岩崎 卓也・中山 清隆	13033-8
第 34 号	1991 年 1 月	古代仏教の考古学	坂詰 秀一・森 郁夫	13034-5
第 35 号	1991 年 4 月	石器と人類の歴史	戸沢 充則	13035-2
第 36 号	1991 年 7 月	古代の豪族居館	小笠原 好彦・阿部 義平	13036-9
第 37 号	1991 年 10 月	稲作農耕と弥生文化	工楽 善通	13037-6
第 38 号	1992 年 1 月	アジアのなかの縄文文化	西谷 正・木村 幾多郎	13038-3
第 39 号	1992 年 4 月	中世を考古学する	坂詰 秀一	13039-0
第 40 号	1992 年 7 月	古墳の形の謎を解く	石野 博信	13040-6
第 41 号	1992 年 10 月	貝塚が語る縄文文化	岡村 道雄	13041-3
第 42 号	1993 年 1 月	須恵器の編年とその時代	中村 浩	13042-0
第 43 号	1993 年 4 月	鏡の語る古代史	高倉 洋彰・車崎 正彦	13043-7
第 44 号	1993 年 7 月	縄文時代の家と集落	小林 達雄	13044-4
第 45 号	1993 年 10 月	横穴式石室の世界	河上 邦彦	13045-1
第 46 号	1994 年 1 月	古代の道と考古学	木下 良・坂詰 秀一	13046-8
第 47 号	1994 年 4 月	先史時代の木工文化	工楽 善通・黒崎 直	13047-5
第 48 号	1994 年 7 月	縄文社会と土器	小林 達雄	13048-2
第 49 号	1994 年 10 月	平安京跡発掘	江谷 寛・坂詰 秀一	13049-9
第 50 号	1995 年 1 月	縄文時代の新展開	渡辺 誠	13050-5

※「季刊 考古学 OD」は初版を底本とし、広告頁のみを除いてその他は原本そのままに復刻しております。初版との内容の差違は
　ございません。

「季刊 考古学　OD」は全国の一般書店にて販売しております。なるべくお近くの書店でご注文なさることをおすすめしますが、とくに手に入り
にくいときには当社へ直接お申込みください。